アイルランドの怖ろしい女たち

――時代への挑戦者――

著　エディ・レニハン
訳　フューシャ

アイルランドフューシャ奈良書店

Defiant Irish Women
by Eddie Lenihan

First published in English by Mercier Press, Cork, Ireland in 1991 as *Ferocious Irish Women*

目次

※本作でのアイルランド語の発音は、物語の舞台であるマンスター地方の発音に近い日本語標記を試みた。

謝辞

UCCのジェロード・オクルアレァハにアイルランドの民話の伝統について、寛大で専門的な助言をいただいたことに感謝する。彼の導きがなければ、私は多くの過ちをしていたであろう。また、レディ・ベティに関する情報については、ロスコモン図書館のキャスリーン・ヘガティとジェラルディン・ハイランドに、アリス・キツラーの資料をお送り頂いたキルケニー図書館のスタッフに、クレア県立図書館の地域歴史課のメアリー・マローニーに、感謝の意を表したい。最後に、私が疲れてもう駄目だと思っているときにも、飽くことなく夜ごとに私に新しいお話を催促したカハルとオインにも感謝したい。

ミーレ・ボヤハス・ドーィヴ・ゴレール（あなたがたに心から千の感謝を）

エドマンド・レニハン

序文

一人の人間として女性のより多様な側面やその社会的役割に、今までになく目が向けられている。ここで一度立ち止まり、女性に対する一般的な概念を問いただしてみるのもいいだろう。かつての女性たちは、寡黙を強いられ、単に従属的な存在でしかなかった。人類の一部ではあるが、物言わぬ無名の集団に過ぎないとみられていた。そのような女性を取り上げるような年代記作者はほとんどいなかった。

　運よくアイルランドでは、この広く受け入れられている概念に全く当てはまらない女性たちの話が、文字や口承で何世紀にもわたって残っている。それを私は「ストーリー」と呼びたい。他の社会と同じく、古代のアイルランドの男性たちは、物事の計画を立てるのに女性が男性と同様に重要であり、かつ必要であると理解していた。政治の世界ではなく、お話（いわゆる当時の歴史物語）の世界ではそのことが顕著である。そういうわけで、神話サイクル※の中では女王は超自然の女神の姿で現れ、民間の伝承ではバンシーとして登場する。オブライエン一族の守護神であるイーヴァルはその一例である。彼女はもともと人間とは隔絶した崇高な存在であったが、一族が危機的な状態にあるときには、彼女の振る舞いは非常に人間味を帯びたものとなる。確かに警告をしてくる。しかし、忠告に従いさえすれば、平穏無事も約束される。

　その助言を無視すればどうなるか。ドゥーリン・オハルタゴーンの身に起こったことを見れば、その報いは明らかである。ドゥーリンは氏族長だったが、芸術家肌で感受性が強かった。戦士として召集され、気の進まない任務のためにクロンターフに赴いた。そう、あの運命の一〇一四年のことだ。戦《いくさ》の前に、ドゥーリンは世にも稀な賜物をイーヴァル

※　アイルランドの物語には、神話サイクル、アルスターサイクル、フィニアンサイクルがある。

から授かった。未来を見る力、それにより、最悪の結果を避けることができる力である。しかし、仲間内で嘲《あざけ》られたとき、女の言葉など値打ちがない。ドゥーリンは、イーヴァルの忠告を投げ打ち、最初にして最後の究極の代償を払うのだ。ああ、情けないアイルランドの男たち！

　だが、アイルランドの伝統において、女王がバンシーや女神の姿をとって現れるとは限らない。時にはそれはおぞましい老婆として現れる。この女神と老婆が渾然一体となったイメージから生じるモチーフは、物語の上でも実人生においても、女性がいかに多様な役割を果たしているかを示す。例えば賢い女[※1]・産婆[※2]・泣き女[※3]が、持てる技を発揮することで、女神の相貌を帯びた存在として敬われてきた。

　クレア県では、モーィラ・ルーァ・マクマホン（赤毛のメアリー・マクマホン）ほど毒婦という胡散臭い呼び名にふさわしい女性はいないだろう。だが、充分に考慮すれば嫌悪の情が和らぐ。彼女ほど希有な人間はいない。非常に女らしい女でありながら、男性の英雄の役割を引き受けたのだから。兵士たちと次々に結婚し、次々に勝利を勝ち取ったのは、はっきりと神話のなかの君主たる女王の特徴を示している。後年になって開花した性格である強制取り立てや略奪。そのせいで人々から恐れられ、避けられた女傑であり、身の毛のよだつ鬼婆でもある。英国政府の将軍アイアトンですら彼女をもてあました。奇妙な人物、マシュティーン・クェアハ・ナクルアへ（鋼《クルアハ》の盲犬）として知られる盲目の老人だけが彼女の力を制御できた。結局、強引に立ち退かせた哀れな後家の呪いによって、モーィラは滅びてしまった。その手腕によって財産を次々と獲得した人間にとっては、確かに皮肉な結末であった。モーィラの血も肉もある身体が、後家の呪いという超自然の魔力にうち勝つことができなかった証拠でもある。

　男性の権力に憧れたもう一人は、ロスコモンの絞首刑執行人のレディ・ベティである。モーィラ・ルーァの場合同様に、成功しても公に認められもせず、さらには死後に愛されることなど望むべくもなかった。十八世紀のアイルランドで、幼い子どもたちとともに道端に放り出され、人の情けにすがり、生きるか死ぬかは、紙一重の差であった。だが、生き残った。置かれた厳しい環境と生き残った一人息子への溺愛と依存。ついに、息子が息詰まる母の愛から逃れたとき、彼女は発狂せんばかりで、皆から恐れられる恨みがましい年老いた世捨て人になった。

　後年、息子が帰還したとき、その顔が見分けられず、金ほしさにむごいやり方で息子を殺してしまった。これこそ三面記事的悲劇そのものであり、メロドラマそのものである。しかし、それ以来人々の記憶から離れないのは、事件の奇妙な結末である。彼女は捕らえられ死刑の宣告を受けたが、絞首刑執行人の不在のためにその仕事を買って出て、刑の執行を猶予される。どれほど愛着を持って彼女が身の毛のよだつような仕事を行ってきたかは、その在任中に地域の犯罪率が激減したことからも証明される。

　時が経っても、彼女が穏やかになることはなかった。その地域の民間伝承では、彼女は崇高な悪名を獲得し、後に静かに息を引き取ったということである。ロスコモンでは、今では監獄とはかけ離れた使われ方[※4]をしているが、旧監獄は過去を秘めた不気味な佇まいを見せ、やはり多くの通行人を身震いさせる。月のない夜などは、翌朝ベティの無情な手にゆだねられるべく死の宣告を受けた者たちの空しい呻き声が、今でも時折聞こえるそうだ。

　レディ・ベティに似ているが、異界の要素をつけ加えられたのが、悪名高きモル・ヒョックネシーことスピリジ・ナマールナン（バールナの怨霊）である。西リムリックとケリーの境界線地帯では、この名前の方がよく知られている。バールナの侘びしい高地を夜中に通る愚かな人には、スピリジ・ナマールナンはこの上なく怖ろしい亡霊である。彼女は貧しい小作農の美しい娘として生を受けたのである。両親の重荷になりたくなかったので、金持ちだが障害のある男を夫に選んだ。しかし、悲惨な結果をもたらすことになった。夫は新しい花嫁を見る度に、自分自身の醜さと彼女の美しさを見比べるようになり、その癖がより顕著になってきた。夫の癖同様に態度も、まもなく悪い方へと向

※1　アイルランド語　mná feasa
※2　アイルランド語　mná ghlúine
※3　アイルランド語　mná chaointe
※4　現在では、ショッピングモールになっている。

かっていった。酒、口論、最終的には暴力を振るうまでになったので、モルは絶望し、ついに耐えられなくなった。運命の日、火ばさみで彼の目の間を突いた。自分のしたことに肝を潰《つぶ》しながらも、即座に彼女は、遺体を切断した。

その後まもなく、軍隊がハウンド犬を連れてやってきて、偶然に夫の遺体の一部を発見した。モルは逮捕され、正義は無情に行われた。彼女は死刑の判決を受け、バールナの自宅の庭で絞首刑になった。

だが、その話はまだ始まりでしかない。それ以来、山を曲がりくねって上っていく道筋に、悪霊が出現し始めた。夜の帳が降りる前に、旅人はその場所を急いで通り抜けていった。亡霊が出るままに何世代もそういう風にして過ぎていった。ある十一月の晩のこと、哀れな靴職人が妻の病気に取り乱して、医者を呼びにその道を気も狂わんばかりになって馬を走らせていた。残念なことにその運命の山腹を突き進んでいたとき、喉元に氷のような指が触れるのを感じたのはその男だった。気が狂ったようにもがいたが、無駄だった。死を見据えながら、自分のためというよりむしろ妻のために、彼は慈悲を乞うた。するとまあ！　その怖ろしい生き物の心の琴線に触れたのだ。亡霊は警告を発して、彼を解放した。「行け、おまえの妻のために医者を連れてくるのだ。ただし、来週の今日、私の所に戻ってくるのだ」

途方に暮れて、その靴職人は、教区の司祭の所に相談に行った。司祭の忠告を得て、ようやく覚悟を決め、約束の時間にバールナに戻った。死闘が始まったが、聖職者の力によって――ありがたや！――亡霊は反駆できず、ついに追放された。深いグル湖に。今もその湖に留まっている。

この本に収められた最後の話の主人公、キルケニーの魔女と呼ばれるアリス・キッテラーは他の話とは違う伝統に根ざしている。彼女が魔術を使ったとして裁判にかけられ、有罪判決を受け、そして今も魔女として記憶されているということは、彼女が属していた社会に私たちの眼を向けさせる。十四世紀のアングロ・ノルマン人のペール※内の文化圏に彼女はいたのである。主にイギリスやウェールズの植民者の間では、魔術は生活の中で事実であり、悪魔がこの世の中で力を振るい、道を踏み外した人間が自由に悪魔と結託していたという確かな証拠である。宿根草のように、予想もつかない場所から突然芽を吹き出すものだから、庭師は、それがはびこらないように特別に見張っていなくてはならない。庭師の長である教会は、そう考えていたのである。

ほぼ七〇〇年経った今となっては、デイム・アリスに対する魔術の告発がどのように正当化されるかは確信を持って言えないが、正当な憤りよりも他の動機が働いていたのは明らかである。嫉妬や強欲や政治の陰謀が絡んでいた。アリスは有罪の判決を受け、それなりに多くの財産を失った。一族は銀行家であったから。時の趨勢《すうせい》により告発され有罪になった。だが、それにもかかわらず、法による過酷な罰は免れたようである。よくあることだが、そういう過酷な運命は、ドラマの中ではさほど重要でない人物が担うことになる。この場合、召し使いのミースのペトロニナがそれに当たる。アリスは、つねに捉えどころのない存在であったが、跡も残さずにお話の中から滑り落ちていった。友人がこっそりイギリスに連れ去ったのだ、という人もいる。悪魔が全く違った場所に彼女を攫《さら》って行ったのだ、という人もいる。どちらにしろ、確かなことはわかりそうもない。この測りしれないということこそ、アリスが永遠に私たちを惹きつけてやまないのである。

エドマンド・レニハン

※　アイルランドのイギリス直轄地であったダブリン、キルデア、キルケニー、ミース、ラウスと他の地方との境界線に柵や壕を設けて、アイルランド人の侵入を防いだ。この地域ではアイルランド語を話すことを禁じ、アイルランド風の生活を禁じた。

1　イーヴァル

──バンシー──

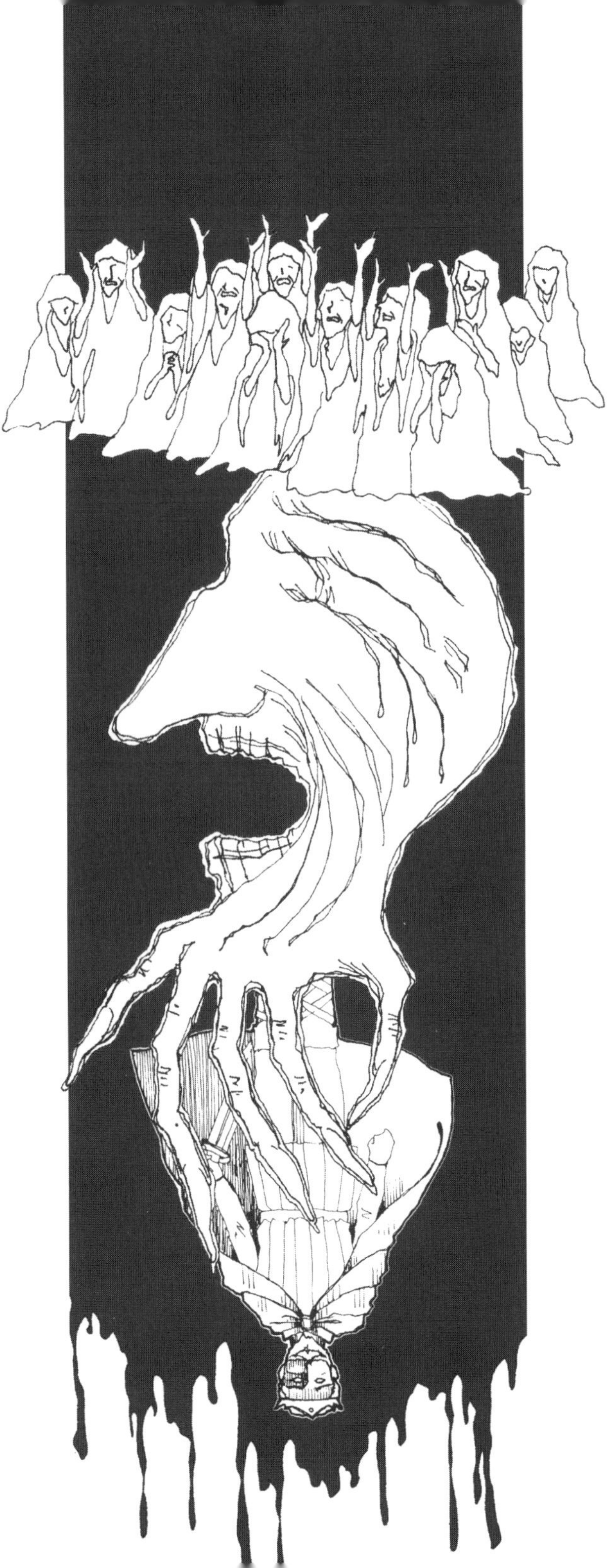

遥か昔、アイルランドでは、名家だなどとわずかなりとも口にできないような家でも、全ての家に家つきのバンシー[※1]がいた。家にバンシーがいなくては、生粋のアイルランド人とは呼べない。そんな者は、成り上がり者か流れ者かろくでなしとみなされていた。

さて、ダルガッシュの一族は、ひとつだけ他のアイルランドの氏族《クラン》とは違うところがあった。ダルガッシュ一族のバンシーは、アイルランドの数少ない女妖精の一人で、その名前が知れ渡ったバンシーであり、彼らはそれを大層誇りに思っていたのである。一族に語り伝えられてきたのだが、遠い昔に最強の力を持ったドルイド[※2]であるショーンホーンが見つけたそうである。一族のバンシーは深く尊敬され、また恐れられてもいた。しかし、時が流れ世が変わるなかで、日常の暮らしにかまけ、その妖精の名前がもともと何という名であったかについては、意見が食い違うようになった。イーヴァルと呼ぶ者たちもいた。クレア流[※3]に、その名前を認めない者たちもいた。「いや、全然違うよ。正しい名前は、『イーヴィン[※4]』さ。素晴らしい名前じゃないか」と彼らは言った。恐らくイーヴァルと上手くつきあおうとしただけだ。彼女はこの世のものとも思えない不思議な力を持っていて、一族内で彼女の評判を貶《おとし》めたと判断した者たちに対しては、容赦なく罰したからだ。さらに、彼女は怖ろしいオーニャの妹でもあったから、その不興を買うのが怖かったのである。妖精オーニャの城はリムリックのノックエーニィ[※5]にあった。

一三一八年七月、ダイサート・オディーの戦い[※6]の前夜だった。クレア地方の二十五人のバンシーをラーの湖へと率

※1 家に死人があるとき大声で泣いて予告する妖精
※2 基督教伝来以前に古代ケルト族の間で信仰されていたドルイド教の僧
※3 クレア人独特の何事にも意見の一致が見られない特色を皮肉った。
※4 「美しい」の意のアイルランド語
※5 オーニャの丘。オーニャはケルトの太陽神である女神
※6 一三一八年、ノルマン人のリチャード・ド・クレアが、クレア県コロフインの近くにあるダイサート・オディー城で、アイルランド人領主コンホバル・オジャーイ（Conchobhar Ó Deághaidh）と戦ったが、敗北した。アイルランド人がノルマン人に勝利した戦いであった。

いていたのは、古《いにしえ》より変わらぬ萎びた容貌をしたあの女妖精だった。ノルマン人の領主リチャード・ド・クレアとその家来が、その一行に出遭ったのは、夜が白む頃であった。リチャードはアイルランドのインチクィンの地を奪い取るため、進軍の途上にあった。老婆たちは豪華な衣服と甲冑をごしごし洗っていた。ついには湖の水が沸騰し、血で紅く染まってしまった！　誇り高く恐れを知らぬリチャード・ド・クレアの驚きは尋常ではなかった。だが、平静を装い、怒鳴った。

「道をあけろ、薄汚いばばあども。どかないなら、おまえらを踏み潰《つぶ》してやる！」

老婆たちは、リチャードの言葉を無視した。まるでリチャードとその兵士たちがただの影に過ぎないかのように。予想外の反応に、リチャードは進軍をやめた。彼はかつて経験したことのない状況に対峙して、気味の悪い老婆の姿とそのおかしな振る舞いをただ呆然と睨みつけていた。そして、呆れるほどなさけない言葉がぽつりとこぼれでた。

「おまえたちは、一体全体そこで何をしているのだ」

それに反応して、イーヴァルが近づいて来た。ぐしゃぐしゃになった装束を手に、こう言った。

「おまえさまの服と、おまえさまの家来たちの服を洗っていたのさ。は、は、はーぁ！」彼女の笑い声に、リチャードたちは骨の髄まで冷えきった。運命の日、朝まだきの冷気を遙かに凌ぐ冷たさだった。怖ろしい女たちの姿が湖の霧にゆっくりと溶けていったとき、彼らは仰天して、立ちすくんだまま見送った。情け容赦のない兵士たち、常に勇猛果敢にトルコ人や異教徒に立ち向かってきた男たちは、そっと主君を盗み見た。リチャードがいったい何を考えていたのか、この不吉な前兆を前にして、彼が躊躇《ためら》ったかどうかは我々には知るよしもない。その時、伝令が猛烈な勢いで駆けつけ、アイルランド軍のスクールの丘への集結を知らせ、進軍の申請を喘ぎ喘ぎ伝えた。リチャードは、北東の方角にあるトリオデーの高台に軍を差し向けたが、到達する前に小競り合いに巻き込まれた。そのせいで、イーヴァルの警告はすっかり忘れ去られてしまったのだ。日暮れ時にはリチャード本来の傲慢さが戻り、彼は軍の指揮を執っていた。リチャードはマッケン橋が架かっている小さな川を突破したのち、それほど進まぬうちに、野伏せに遭遇した。リチャードの軍勢は、数名のおもだった大将たちもろともに切り崩され、大敗走が始まり、血なまぐさい大虐殺に追い込まれることになった。リチャードの家来のノルマン人や同盟を結んだアイルランド人たちの遺体が、何マイルにもわたって散乱していた。手傷を負い、這々《ほうほう》の体で逃げた生き残りは、比較的安全なバンラッティ城に命からがら辿りついた。しかし、結局一週間も経たぬうちに、リチャード・ド・クレアの未亡人は絶望と傷心のあまり、城を焼き払い、シャノン川を下ってイギリスに向かって出奔してしまったのである。そして、夫が彼女に贈るつもりだった土地をついぞ見ることはなかった。

もう一つイーヴァルの力を示す逸話がある。これより三百年前のことだ。ちょうどブライアン・ボルーがアイルランドの上王《ハイキング》たる地位を固めるべく国中の族長たちのあいだを奔走していた頃、イーヴァルがその存在を世間に知らしめる事件が起きた。運命の年一〇一四年、ダブリンのデーン人[※1]は、四方を海に囲まれたアイルランド全土を掌中に収めようとしていた。彼らは、急に勢力を伸ばしてきたこのダルガッシュの王ブライアン・ボルーを排除したいと考えた。マン島とロッホリン[※2]にいる親類縁者を集め、ブライアンから全てを略奪し、一族のものにしようと目論んだ。一方、ブライアンの偵察兵が、その状況を伝えてきたので、ハイキング・ブライアンは国中に急ぎの使者を送り、軍隊を召集した。南西部の兵士たちは何千もの数でやってきて、ロッホ・ダルグ[※3]の南の端キンコーラにある王の城近くに集結した。城では、王の嫡男ムラが全員を出迎えた。その夜、篝火《かがりび》が焚かれ、王は王宮内に族長たちを招集した。妬み嫉みはいったん脇に置かれ、周到な計画と戦略が練られた。というのも、アイルランド人によく見られる些細な悪意や憎しみのせいで、ノースメン[※4]がアイルランドに最初の足場を築き、ついにはアイルランド全土までをも威嚇する

※1　アイルランドの首都ダブリンは、当時、北方からきた海賊たち、主としてデーン人によって築かれた。
※2　スカンジナビアを表す語。ヴァイキングが支配したスコットランドを表すこともある。
※3　ダルグ湖。アイルランドやスコットランドでは、湖をロッホと言う。
※4　北方のスカンジナビア半島やデンマークからやってきた海賊

ようになったということをブライアンは充分わかっていたからである。入念な計画のもと、扱いにくい族長たちの一人ひとりが、王の食卓でふさわしい席をあてがわれた。

全員が座についたとき、ムラはひとつの席が空いていることに気づいた。ムラはしばらく考え、再び確認するために、家来の族長たちを素早く見回した。それからブライアンの所へ急ぎ、耳元で囁《ささや》いた。

「父上、ドゥーリン・オハルタゴーンはどこですか。彼の姿が見えません」と彼は言った。

「使いをやったのか」ブライアンが尋ねた。

「族長全員に使者が出されたのですよ」

「構わん。そんなことで、くよくよするな。あの虚《うつ》け者ひとりより、今宵は考えなければならないことがあまたある。ともかく、あいつは戦《いくさ》では何の役にも立たん」

ブライアンの言うとおりであった。残念ながら、ドゥーリン・オハルタゴーンは、戦闘や略奪や自慢話に明け暮れている他の族長たちとは違っていた。剣の扱いがとても下手で、無益な戦などには全く興味がなかった。戦いが差し迫っているときには、いつも逃げるのに必死であった。戦いを避けて、古文書を読むこと、詩やバード※1や放浪の詩人たちの作品に耳を傾けることに興味があった。このような国の危機的な状況下では、戦士たちの指揮を執るには不釣り合いで似合わぬ男であった。彼の態度は族長たちの怒りを買うばかりではなく、彼の家来でさえ、不平のつぶやきを漏らし、表には出ない陰険な囁きが聞かれた。「畜生、あいつは我々の面汚しだ。指揮なんか執れる男じゃない。この六ヶ月間で、一人の兵士も殺せず、一人の女も後家にできなかったんだからな」

「ああ、そのとおりだ。塩一袋の値打ちもないよ。俺はそう思う」

「俺たちの投票であいつを今の地位から引きずり降ろそうじゃないか」

だが、族長を退位させようとしても、無理なことはわかっていた。不可解な呪いや魔術の知識を持っているという評判であったから、思い切って手を下そうとするものは一人もいなかった。ぶつぶつ不平を言い続けるだけだった。

そういうわけで、ドゥーリンはいつものように責任のない仕事ばかりしていた。

自分の家来の采配に限れば、なにも問題はない。何とか生き延びられるだろう。だが、ハイキングの息子が王の名において召集をかけたときには、話は別であった。実際、召集をかけたのはムラ自身であった。

「父上は全く優柔不断すぎる」ムラは不平を漏らした。「国が落ちぶれてしまったのも当然だ。私が王になって、がらりと変えてみせる。それまで待つがよいわ」

ムラは家来を呼んだ。召集に応じなかった男を連れて来るまでは戻るなと、ドゥーリンの家まで早馬を命じた。

だが、ドゥーリンは家にいる気配がまったくなかった。

「まあ、ここにはいませんわよ」奥方が答えた。「山を越え、ブロードフォードの年老いたバード[※1]の所へ行って、新しい詩を拝聴していると思いますわ」

使者はシュリーァブ・ナグラーハ[※2]を越えて行った。あちこち尋ねまわり、必死に探し、ついに問題の男が隠れ酒場《シビーン》で、バラードを唱ったり、ハープを弾いたりして人々の輪の中心になっているのを見つけた。農夫や職人が彼の周りに群れをなして押し寄せ、称賛していた。

「おお！　何たる恥、ドゥーリン・オハルタゴーン。何たる恥だ！」使者は叫び、その影が床に黒く落ちた。「国中の男たちがノースメンとの闘いに出かけているというのに、あなたさまはこの豚小屋でこそこそやっている。ああ、みっともない！」

ドゥーリンはちらっと振り向き、この闖入者《ちんにゅうしゃ》を一瞥した。「いいや、おまえこそ恥を知れ。おまえは誰だ。何の用か」

使者は、言葉少なに説明した。不快な気持ちが額の皺一本一本に刻まれていた。ドゥーリンは話を聞くと、うんざ

※1　王侯お抱えの吟遊詩人
※2　クラーハ山。クラーハは「醜い老婆」の意のアイルランド語

りした表情が顔中に広がっていった。

「ああ、残念至極だ。デーン人がいなくなっても、こういう音楽はずっと奏で続けられるということがわからないのか」

「私には、わかりません。あなたさまを連れてくるように送られてきただけですから」

「そうか、話しても無駄だな。行け。おまえのすぐ後から行くと王に伝えろ」

詮方なく、ドゥーリンは聴衆に暇乞いを述べ、帰りの道を進み始めた。一向に急がず、足取りに弾みがなかったとしても非難する者はおるまい。恐らく死ぬための闘いに召集されたのだから。歌を歌い曲を演奏するたびに盛り上がっていた集まりは、あっけない幕切れとなった。

その間、キンコーラには厳しい知らせがもたらされていた。ノースメンが進軍してきていた。敵に寝返るかもしれないレンスター王国の味方の軍勢が持ちこたえるためには、ブライアンがレンスターに急遽《きゅうきょ》行く必要があった。

「もう一日待てば、我々全員の破滅だ」ブライアンはムラに言った。「あの男、オハルタゴーンを待って、多くの時間を失った。後を追ってくればいいのだ」

彼らはダブリンに向かって、つまり敵に向かって、長い行軍を始めた。それはアイルランドの運命を変えることになる旅であった。

同じ時、ドゥーリンは全く気づかないうちに運命に立ち向かおうとしていた。これ以上ないほど遅い速度で、グレン・ナグラーハ[※1]をこそこそ逃げるように通り抜け、クラグリー[※2]の辺りの道に出たとき、真正面に横たわっているものが目に入った。ほんの一瞬だけ躊躇った。というのも、それはマントで覆われてはいたが、確かに人の形をしていたからだ。あの使者が待ち伏せされて怪我をしたか、もっとひどい状態になっているのではないか、という考えが頭をよぎった。ドゥーリンはうつ伏せになっている人影に駆け寄り、マントを引き剥いだ。すると、痩せこけた、かぎ爪のような手にがっちりと捕まれた。彼は火傷でもしたかのように飛び退いたが、どんなにあがいても逃れる術《すべ》はなかった。さらに悪いことには、二つの黒い目に睨みつけられているのに気づいた。ほとんど女と見分けられないほど痩せさらばえた顔から、その目はらんらんと輝いていた。恐怖に慄《おのの》き、叫び声は声にはならなかった。ただ擦《かす》れたがらがら声だけが出てきた。「ドゥーリン・オハルタゴーン」彼女は囁き、その目はじっと彼を見据え、瞬きもしなかった。「今日この日、よくぞ出会った。おまえはいつものようにのろのろ動いてはいるが、今回はかえって運がよかったぞ」

「そうでしょうか」つかえながらも、ようやく口を開くと、狼狽《うろた》えた頭がはっきりしてきた。「だが、おまえは誰だ。私に何の用だ」

「私はイーヴァルだ」その名前を聞いたとき、彼は膝をついてしまった。「夜の帳が降りる前に、おまえに伝えなければならないことがある」

「何なりと！　光栄です」

「黙れ！　聞け！　ダルガッシュのブライアンのもとへ行け。これから起こる戦いは、今までの戦いよりも多くの悲しみを国にもたらす、と彼に告げよ。覚悟を決めよと伝えよ。王とムラとアイルランドの族長たち六十人が倒れるのだから。悲しみは鉄の鎧を着たものに降りかかるのだ。黒い髪のブルアダール※3にも降りかかる。戦いが終われば、後家たちの哀しみの声が北の空に響くだろう。多くの男たちが永遠に生きられると思って、笑ったり冗談を言いながら、死に向かっているのだ」

※1　クラーハの谷

※2　灰色の岩。イーヴァルの住まいと言われる。

※3　マン島には、ブロジィール（本文中では黒い髪のブルアダール）とオースバクという二人のデーン人の兄弟が住んでいた。ブロジィールは魔法に長けていて、背が高く強く、帯の下に差し込んでいる長い黒髪を持っていた。クロンターフの戦いで、ブライアンを殺したと言われているが、彼もその戦いで命を落とした。（Njal's saga による）

「どうしてこのようなことを全ておわかりなのですか」ドゥーリンはぼそりと言った。彼女の言葉を遮《さえぎ》らざるをえなかった。虫酸が走るように感じたのである。彼女の目は彼を捉え、骨ばった手よりもしっかりと掴んでいた。

「それは私がイーヴァルだからだ！　ああ、昨夜キンコーラで彼らの話し声や歌を聴いたのだ。クラグリーからでさえ聞こえた。それで私は泣いたのだ。ブライアンのために、彼らのために、おまえのために、私は泣いたのだ、ドゥーリン・オハルタゴーン！」その声は引きずって行くように小さくなった。この世ならぬ目で見つめられて、ドゥーリンは頭の毛が逆立つのを感じた。しかし彼にできることは何もなかった。ただ最悪の事態を待つばかりであった。今や確実にそれがやってくる。

「確実におまえも宿命を避けられないものたちの数に入る、もっとも……」

「もっとも？」彼は息をのんだ。

「もっとも私の命令どおりにしなければ、だよ。まずは、私の言葉をブライアン王に伝えるのだ。おまえにはこれをやろう」そう言うと、服の間をまさぐって、ペチコートらしきものを取り出した。だがそれは、遙か昔から、鼠が舐めたり齧《かじ》ったりしたようで、この上なくぼろぼろで汚れていた。

「これを身につけよ。身につけている間はどんな危害も加えられない」

彼は気分が悪くなると共に、ほっとしてもいた。「ありがとう、どうもありがとうございます。あなたから仰せつかったことは、全て忘れずにします」彼はお辞儀をして、離れた。別人になっていた。今では一歩踏み出した足に、次の一歩を踏み出すのももどかしく、決して後ろを振り返らなかった。家に着くと、武器の準備をさせ、馬に鞍をつけさせる間だけしか留まらず、妻が「どうして？　なぜ？」と尋ねても、上の空であった。

どれだけ遠くまで軍隊が進んでいるかわからなかったので、乗っている馬に容赦なく拍車をかけた。ついにムニ・ゴールの近くで、荷馬車隊に追いついた。二、三マイル先には本隊がいた。疲れ切った馬を駆り立て、上機嫌で詮索好きな連中の前を通り抜け、年老いた王が横たわっている輿《こし》の方へ向かった。しかし、ブライアン王の下に辿り着く前に、ムラに行く手を塞がれた。若者の唇には歓迎の言葉はなく、容赦のない言葉を浴びせられた。

「そうか……ようやくお出ましということか」

ドゥーリンはどの族長からも同じくらい厳しい冷ややかな態度を感じたが、頭の中がいっぱいで、侮辱の言葉などにかまってはいられなかった。

「今はどうでもいい、ムラ。父君に重要な伝言を持ってきたのだ。大人しく道を開けていただきたい」その態度はどこか奇妙で、彼の人格からは全く考えつかないような緊迫したところがあったので、ムラはそれ以上邪魔しなかった。ドゥーリンはブライアンの座する所にやってきて、知らせを告げた。ブライアンは驚きを顔には出さなかった。実際、凍りつくような話を聞いたときでさえ、全く感情を顕わにしなかった。

「ドゥーリン・オハルタゴーン、おまえが本当のことを知らせてくれたのは充分わかっておる」

王の声は、遠くから響くような押し殺したものだった。「私はそのことを予期していた。クラグリーの山で、昨夜彼女が泣き叫ぶのを聞いたのだ。だが……」王は目を逸らした。「人は永遠に生きることはできないのだよ。愚か者だけが、自分の運命から逃げようとするのだ」

王はムラを呼んだ。「家来たちには何も言うな。死に向かって、つまりは栄光に向かって、我々は行軍を続ける」

ムラが広い肩を揺らして去っていったとき、静かな声で王は繰り返した。「死と栄光へ」その言葉を連珠のように何度も何度も繰り返し、ただただ遠くを見ていた。

ドゥーリンはその後、老いた王に会うことはなかった。軍隊が行進していくにつれ、兵士たちの数が増え、膨れあがっていった。ダブリンに近づけば近づくほど、彼のジレンマはひどくなってきた。ドゥーリンの注意や体力を逸らす他の問題、特にあのぞっとするような襤褸布《ぼろぬの》を身につけるかどうかという問題があったからである。あれは偽物だったのか。それなら、ともかく自分は死ぬのだろう。いや本物なら、身につけることを怠った場合には、ほぼ確実に死ぬ。

翌日の一〇一四年の聖金曜日に、ダブリンから二マイルほど行った所にある雄牛の牧場、クルィン・タルヴ※で、ドゥーリンは突如腹を決めた。ブライアンの軍隊の規模を偵察していたデーン人は、町の南と西の陣地から撤退し、ハイキングから申し出があるのを待ち受け、ここで決戦を交えようと構えていた。というのは、以前土壇場で金を渡され追い払われたことがあったからだ。それで今回もまた同じことが起こると彼らは値踏みしていた。

しかしながら、申し出はなかった。降伏か死か、という短い最後通牒のみが送られてきた。今回、ブライアン王は真剣そのものであった。王は、この頻発する災難を自国からきっぱりと断ち切る決心をした。イーヴァルの言葉から、どんな犠牲を払わなければならないかを充分にわかった上で。ついに戦いが始まった。ドゥーリンは、他の者たち同様に怖え、気分が高揚してはいたが、少なくとも自分の安全を優先するだけの知恵は持ち合わせていた。

「危険にさらされるといけないから、イーヴァルの忠告を受け入れて、あの古いペチコートを着たほうがいいだろうな」

命令を待っている兵士たちの活気と雑踏に紛れて、彼はこっそりとそれを引きだし、自分の武具の下にできるだけ上手に隠し、進軍の合図が響き渡るのを待った。

ついに彼の番がきた。前に押し出されたとき、ダルガッシュの鬨《とき》の声を、弱々しく漏らしただけだった。しかし、奇跡の中の奇跡が起こった。彼は自分の前にいる者たちを、左、右、中と全てなぎ倒し始めたのだ。さらに奇妙なことには、かすり傷ひとつ負わなかったのである。彼の家来たち、また剣士としての彼の不評を知っていた者たちは驚愕したが、そのことをどうこう言う立場ではなかった。戦いは厳しく、男たちは生き残ろうと必死だった。だが、目の片隅からでさえ、ドゥーリンが傷ひとつ負わずにデーン兵の横列を切り崩し、道を空けていることが見てとれた。何かがおかしい。だが、それはドゥーリンが魔術によく通じているせいだと思い、自分たちの味方であることに感謝した。

夜遅くに戦いは小康状態になり、まだ生きていた友人や知り合いたちが彼の周りに群がって、素晴らしい戦果を称賛した。

「ほんにまあ、ドゥーリン、おまえさんはわしたちをずっと騙してきたな。あんなに剣の名手だとどうして言ってくれなかったんだい」

「俺たちは運がよかったなあ。おまえさんを退位させようと喋っていたんだからな」

しかし、戦士たちが血を流し傷を負い、ただ生きていることを喜びながら、身も心もずたずたになって歩き、身体を引きずっているのを見たとき、ドゥーリンは自分自身の無傷の状態を恥ずかしく思い、秘密を漏らしてしまった。彼らはものも言えないほど驚いた。笑みがその顔から消えた。

「畜生！」一人の男が言った。「それでは哀れなデーン人に対して公平だとは思えないね」

「おまえは男じゃない、ドゥーリン」もう一人が呻くように言った。「ペチコートをつけて闘ってるとはな。それを見て、家にいる女たちは何と言うかな。我々男が家で鍋を洗っている間、我々の代わりに女らが闘いたいって思うだろうさ。こんなことは全くもってあってはならない。はっきりしろよ！」

この賢い言葉に賛同して頷くものもいた。ドゥーリンと親しい者たちは、当惑してただ項垂《うなだ》れた。

ドゥーリンは赤面して、イーヴァルの贈り物を剥ぎ取り、脇へ押しやった。一言も発せず、考え直すこともしないで、彼は再び敵に向かって身を投げていったが、あっという間に殺されてしまった。背の低い瘤《こぶ》みたいなデーン人から、低く組みつかれて、身体の下の方で両脚をきれいさっぱりと切り取られてしまった。

かくして、アイルランドの戦士たちの間で、前途有望な青年の経歴は終わってしまった。だが、アイルランド人に関してはいつもこんな風なのだ。世界の始まりから、男の友からの愚かな忠告があったときには、分別ある女の忠告を聞き入れる男は一人もいなかったのだ。そのような愚行に対する代価は、しばしば高いものだった。ドゥーリン・オハルタゴーンが気づいたときには、時すでに遅し。彼の苦しい瞳は、切り離された両脚が胴体から離れて最後のよ

※　現在のクロンターフ

ろめく一歩を踏み出しているのを見つめていた。
　その日の恐ろしい出来事――ブライアンが殺され、ダブリン湾の水は血の色で染まった――それについては敢えてここで語る必要はないだろう。歴史の教科書の説明のように読まれてしまうだろうから。その夜、人間の使いが知らせをもたらすよりずっと前に、クラグリーで泣いているイーヴァルの声が、ダルガッシュの女たちに戦いの結果について全てを知らせたとだけは言っておきたい。一〇一四年、聖金曜日の恐ろしい記憶を未だに捨てずに、決して和らぐことのない悲しみを抱いて、平原を滔々《とうとう》と流れ続けるシャノン川※の水のように、イーヴァルは今なお泣いているのだ。そのように主張する者たちが、ブライアン・ボルーの末裔であるオブライエン一族のなかにはいる。

※　アイルランドの西部地方を流れ、リムリック湾にそそぐ大きな川

2　赤毛のメアリー

―― モーィラ・ルーァ ――

クロムウェルの時代のアイルランドでは、自分の土地を守るためには、男は強く情け容赦のない人間でなくてはならなかった。ましてそれが女であれば、男の二倍は逞しく蛇のように狡猾でなくてはならなかった。その当時、独立を望んだ女には友人はほとんどいなかった。あの恐るべきイギリスのエリザベス女王でさえ、この事実に気づいていた。もっとも彼女は長生きして得をしたのではあるが。

この時代の特別な危機的状況をうまく切り抜けた一握りのアイルランド女性の一人が、赤毛のメアリー・マクマホン、つまりモーィラ・ルーァであった。モーィラ・ルーァという名前の方が今日ではよく知られている。彼女は蒼白い顔をした長い赤毛の美人であったらしい。結婚適齢期になると、クロンダローの両親の家の門に求婚者が列を作ったのも不思議ではない。両親の意見を尊重はしたが、モーィラは自らネイロン家の息子を選んだ。ネイロン家もまた裕福な家だった。モーィラは、いつも目ざとく世の中を渡ることに長けていた。

ふたりの結婚は長く続かなかった。可哀想に夫が亡くなった。そのわけなど誰にもわからない！　噂によれば、夫の家系は病弱だということだったが、ダニエル・ネイロンの場合、ことの真相を証すものは何も残っていない。モーィラはひとりで暮らす気など毛頭なかった。結婚すれば将来の見込みがあるが、独身では何ひとつ見込みがない。だから、レームナ城の跡取りであるコナー・オブライエンとの結婚を目論んだ。幸せな結婚であった。五人の子を授かるほど長く続いた。城は格調高く快適な大邸宅に増築された。だが、コナーは一六四〇年代のイギリスに対するカトリック同盟の戦争で、敗者側につく選択をしてしまった。さらに悪いことに、クロムウェルがアイルランドを支配した一六五〇年代までこの選択を続けた。一六五一年の七月に彼は戦いに赴いたが、インチクローナンで戦ったのが最後であった。重傷を負い、レームナ城まで連れ戻された。ほとんど虫の息だった。城主が留守の間、モーィラ・ルーァは忙しくしていた。コナーの家来が気味悪い重荷を運びながら外門に辿りついたときには、城にバリケードを張り巡らし、いつでも敵を迎え撃つ準備が整っていた。高い胸壁から見下ろしていると、夫が担架に乗せられているのがモーィラの目に入った。

「ここには死人はごめんだね」モーィラは怒鳴った。

「奥方様、まだお亡くなりになってはいません。今なら間に合います。早く！」

モーィラについてはいろいろ悪口が言われているが、苦しむ者には思いやりがあったと言えるだろう。人生の厳しい試練も生まれつきの優しい心根を押し潰《つぶ》しはしなかった。門を開き、夫を運び入れさせ、自ら看病した。モーィラも医者もあらゆる手を尽くしたが、その夜に夫は亡くなってしまった。若い未亡人にとっては複雑な思いであった。再び夫を失った。だが、ついに富も土地も屋敷も称号も持った女城主になっていた。

しかし、それに安住できるのもそう長くはないだろう。クロムウェル配下の将軍、アイアトンとラドロウにかかれば、あっという間に屋敷から放り出され、道端で物乞いをする身になるだろう。そういう運命が、早晩アイルランドの地主たちに襲いかかっていた。それくらいはモーィラにもよくわかっていた。息子のタイグとドナはまったく頼りにならなかった。ふたりは、殺された父親の復讐をすると誓った。報復は秘密裏にするようにとモーィラは忠告していたが、イギリス議会軍の斥候の一隊を捕らえて、見せしめのために公の場所で縛り首にした。息子たちの気持ちは理解できたが、その狂気じみた行いをモーィラは激しく責めた。それから、自分の部屋に戻り、最善の策を練った。自分自身や家族が破滅するのを甘んじて受け入れるような性格ではない。何とか撃退しなければ、城はたちまち落ちてしまう。力の限りを尽くさなければ。彼女はそう決心した。

結論はこうだ。敵の陣地で敵と渡り合うのだ。敵は自分の陣地では守りは緩いだろう。そういうわけで、翌朝早く青緑色と白色のマントを羽織り、従者を従え、できるだけ派手な馬具で飾り立てた牡馬に乗り、リムリックへ出発した。その日、当時の権力者、ほかならぬアイアトン将軍自らがリムリックの駐屯部隊を視察に来ることになっていた。

モーィラと一行がリムリックの町に着いたときには、夜の帳に包まれかけていた。薄暗がりの中、あちこちに瘤《こぶ》みたいにごろごろ屯《たむろ》している兵士たちを避けながら、薄汚い通りを進んで行った。彼らはごろつきみたいな顔をした連中で、兵士の上官も似たようなものだった。一目で気高く裕福な女性とわかるモーィラの華美な服装と傲然とした態度のおかげで、一行は無事にアイアトンのいる本部まで行くことができた。そこで、任務に就いている警備兵の一人に横柄に呼び止められた。

「おい、何者だ」

無礼な言葉に返事をせず、逆に質問をして受け流した。「将軍はどこにいるのですか。アイアトン将軍にお話があるのです。今すぐに」

隊長がモーィラの方へ向かってずかずかと歩み寄った。硬い表情の釘みたいな男だ。モーィラの振る舞いや馬の上から威嚇する態度にも全く動ずることなく、男は彼女を見上げ、質問を矢継ぎ早に吐き出した。「女、おまえは誰だ。ここに何の用だ。こいつらは何だ」

不意打ちを食らっても、モーィラは顔には出さなかった。男の肩越しにドアを見据えて、落ち着き払って言った。

「さあ、将軍のいる所に連れて行きなさい。今すぐ！」

傍にいたモーィラの従者たちは立ち竦んだ。隊長があっという間に彼女を馬から引きずり降ろすだろうと思ったからだ。一瞬そうしかねない雰囲気だった。男は腕を振り上げ、拳を握りしめていたが、殴るかわりに人差し指を突き出し、押し殺した声で警告した。「立ち去れ！　誰か知らんが、さあ、行け。ひどい目に遭いたいのか」

土地家屋没収という怖ろしい亡霊に睨みつけられていたモーィラではあったが、明らかに身分の低い見知らぬ男の侮蔑を彼女のプライドが許すわけがなかった。さらにつけ加えるなら、その男の着ている制服と無礼なやり口を軽蔑しきっていた。彼女は、はじめのうちは小声で笑っていたが、そのうちに大声で笑い出した。その声は太く低く気だるく、相手を怒らせるように計算されたものだった。まさしく功を奏した。男は周りにいる兵士たちに怒鳴った。

「その女を捕まえろ。全員を捕まえろ。見せしめに地獄の煙でいぶしてやる！」

「おまえの上官に会いたいのだ」モーィラは叫んだ。「断れば、おまえは縛り首だ」

彼女の言葉が男の怒りをさらに駆り立てた。「縛り首になるのは、おまえだ、アイルランド人……」

その瞬間にドアが開かなかったならば、彼が何をしていたかは神のみぞ知るである。見るからに紳士と思しき男が出てきた。知的な容貌と地味ではあるが上品な服装から、モーィラには一目でわかった。重要な地位に就くには若輩すぎたが、その印象は警備兵たちの態度によってすぐに掻き消された。兵士たちはたちまち気をつけ！の姿勢になった。あの荒くれ兵士もそうした。

「この騒ぎは何だ。ここでは静かに話もできないのか。隊長！おまえ、話してみろ。この騒動は何だ」

その時、アイアトンはモーィラに気づいた。威丈高《いたけだか》に牡馬に乗っている女がいた。突然彼はもごもごと説明しようとする隊長を遮《さえぎ》った。隊長のことなど眼中になかった。ゆっくりとアイアトンはモーィラに近づいた。魅せられたような表情だった。

「ご婦人、お手を」と言って、モーィラの手を取り、馬から降ろした。その間ずっと彼女に見惚れていた。モーィラは威厳を持ってそれに応じた。自分の土地屋敷、子どもたちの将来、自分自身の幸福、全てがこれからの二、三分にかかっているのだ。それを考えるとモーィラでさえ少し身震いした。

アイアトンは、上官たちの部屋に彼女を案内した。モーィラの三人の従者も後に続いた。一方、中庭では部下がわけ知り顔にお互いの顔をちらちらと見つめ合い、退けられた隊長は顔を顰《しか》めていた。モーィラは、部屋の中にいる人々に、慇懃《いんぎん》ではあったが、名無しで紹介された。それからアイアトンは、明らかに自分のものと思われる椅子に座り、しかつめらしい顔をして、入り口に立っているモーィラをまじまじと見つめ、判事のような一本調子の声で尋ねた。「君は誰なのだ。ここに何の用があるのだ」

使命を持たない普通の人物ならば、この突然の態度の変化に怯えてしまったことだろう。だが、敵地で窮地に立っているモーィラが勇気をなくしてしまえば、失うべきものがあまりにも多すぎる。そのことを彼女は自覚していた。お辞儀もしなければ、嘆願することもしなかった。真っ直ぐに彼の目を見つめ、面と向かって自分の素性と用向きを告げた。

「私はコナー・オブライエンの妻でしたが、今は未亡人となりました」アイアトンは目を見張った。彼女のこの返事が呼び水となり、核心となる質問を自ずと引き出した。アイアトンは如才なくモーィラに接した。「我々の敵である男が死んだとして、君がここに来た目的は何だね。自分で認めるとおり君は反逆者の妻だ。なぜここに来たのだ」

いつもどおり彼女は単刀直入に答えた。「私の土地は私のものだと認めてください。息子たちが若気の至りでやったことは、どうぞご容赦ください。あなた様への忠誠の証として、あなた様の部下の誰とでも結婚いたします」

モーィラの従者たちは、この厚かましい言葉に震え、最悪の事態を予測した。「わしたちは皆、監獄にぶち込まれるな。これで一巻の終わりだ」心の中で考えていたことは皆同じだった。

だが、そういうことは全く起こらなかった。それどころか、アイアトンは微笑んだ。モーィラその人と、事情を説明する率直なやり方に惹きつけられたのだ。このような呪われた国で、裏切りの渦巻く中、真っ直ぐなことを話す女を送ってくださった神の御技に、アイアトンは心が和んだ。なんという純朴な世間知らずの青二才だ！ アイアトンは、アイルランド人のやり方については、まだ深読みの判断ができなかった。

アイアトンは部下を一人呼びだし、手みじかに命令した。十分も経たないうちに、六人の将校が壁際に整列した。若い者も年老いた者も、男前も醜男もいた。彼らも居心地が悪そうであった。何かの不手際が露見したかのように、自分たちの周りを不安げにじろじろ見回していた。なぜ召集されたかとわざわざ訊く者はいなかった。これまでに多くの捕虜を尋問した自分たちが、今は一人の女にまじまじと吟味されているのだ。すっかり丸裸にされた気分だ。無礼であろうとなかろうと、彼らはそれに耐えるしかなかった。アイアトンの目も、モーィラの目に劣らず鋭く、彼らに注がれていたからである。

モーィラは並んでいる将校たちを見ながら列の前を三回行きつ戻りつした。抜け目なく鋭敏に、どの男が一番支配しやすいかを見定めようとしていた。図体が大きく、ぼわぼわの眉毛で毛むくじゃらの手をした男の前に、ついに立ち止まった。どれほど想像の羽根を広げようとも、絵になる人物ではなかった。図体が大きく頑強で、その気になれば、モーィラを真っ二つに圧し折ることもできる男だった。

「この方にいたします」モーィラの心は、はっきりと決まった。彼女は満面に笑みを浮かべた。アイアトンは愕《おどろ》いた。それが顔にありありと表れていた。モーィラにはもっと人を見る目があると踏んでいたのだ。しかし、尋ねることはしなかった。彼女がそういう選択をしたのであれば、自分の知ったことではない。選んだ男と暮らしていかなければならないのは、モーィラなのだから。モーィラは説明もしなかった。母親の忠告に従っただけだった。つまり、こうだ。「小男と小犬には注意しなさい。どちらも、なかなか執念深いし、歯が鋭いからね」

ふたりは、その場で、つまりリムリックで結婚した。たいして準備もしなかったが、証人だけは山ほどいた。次の日、モーィラがレームナに帰るとき、駐屯部隊の多くの男たちは、毛むくじゃらのかつての仲間を羨ましがって見送り、これから彼が過ごす気楽な生活のことを考えると、意気消沈した。俄作《にわかづく》りの紳士にはもう心配はなくなるだろう。ともあれ金銭上の悩みだけは。

これから素晴らしい生活ができると見込んでも、それが単に希望の影にすぎないこともあるのは、残念である。モーィラの新しい夫はすぐにそのことに気づき怖ろしくなった。気づいたからといって何の役にも立たなかった。レームナの新しい家に着くとすぐ、ベッドに跡もつけぬうちに彼は不幸な事故に遭ってしまった。ひげを剃っているときに手が滑ってしまったのだ。当時のむき出しのひげ剃りの刃がよく切れて油断できないこと、危険なことは誰でも知っていた。出血が止まるまでには、哀れな男は人知の及ばぬ世界に行ってしまった。モーィラはまたしても未亡人になった。心が塞ぎ悲嘆に暮れたものの、後片づけもそこそこに、彼女がすべきことは、夫を手厚く葬り、再び青緑色と白色のマントを羽織ることだった。

悲しみつつ、モーィラはアイアトンの司令部に同じ日に辿りついた。多少のことには動じない将軍もあまりに早く舞い戻ったモーィラには大いに驚いた。しかし、彼女の不幸に深く同情して、モーィラがもう一度将校たちの召集を依頼すると快く同意した。再び彼女は選んだ。今回は前途の見込みがなさそうな男で、また電撃的に結婚した。アイアトン自らトモンド門まで見送りに来た。出発しようとすると、アイアトンはモーィラ・ルーァの肩に手を置き、微笑んで言った。「今度はもっと気をつけるようにしなさい」その声に警告が含まれていたかどうか、モーィラは感じ取ることができなかった。見物人の話し声や幸運を祈るという言葉が飛び交っていて、微妙な意味合いは掻き消されてしまった。しかし、レームナへ戻る道すがら、モーィラはその言葉を注意深く反芻《はんすう》したに違いない。

リムリックから来たこの二度目の夫は変わった男だった。城に着いたとたん、馬から飛び降り、まっしぐらに螺旋階段を駆け上った。歓迎の雰囲気を盛り上げ出迎えようと中庭に整列させられていた召使いたちは、思わず失笑した。急に便意を催すとはどういうことかをわきまえていたので、ひとりがトイレの場所を案内しようと跡を追った。ところが、そこには影も形もなく、石の階段を上っていくブーツの音が遙か上の方で微かに聞こえるだけだった。しばらくすると、下にいる者が驚いたことには、彼が胸壁の上に現れ、下にいる者など忘れ果て、新しく自分のものになった土地をひたすら眺めていたのだ。

モーィラは胸壁の上にいる夫の所へ行こうともしなかった。夫の頭の中を駆けめぐっている考えなどわかりすぎていた。夫が今見ている土地を守るために、そもそもすべきことはした。夫は夕食の時間になっても下りてこなかったので、自分で夫の所在を確かめに行くことにした。八十九段の階段を上った後、少し息を切らし立ち止まった。冷たい夜気の中に足を踏み出した。ぼそぼそ言う話し声を耳にして、モーィラはあっけにとられてしまった。新しい伴侶以外に、そんな場所に一体誰がいるだろうか。指を扉にかけ、押し開け、暮れていく薄明かりの中を覗き込んだ。ぶつぶつと呟いているその人以外は誰もいなかった。繰り返し、繰り返し、「全てわたしのものだ。金持ちになった。金持ちになったんだ」と。

そんな惚けた考えには口を挟まない方がいい。モーィラはひとりで大広間に戻り、思いに沈んだ。

その後、彼の態度が変わることを望んでも無駄だった。というのも、夫は日に日につきあいにくくなり、モーィラや召使いたちの礼儀正しいふるまいに愛情のかけらさえ見せようとはしなかった。朝も昼も夜も、胸壁の上を歩き回り、いとも易々と手に入れた地所を、東に西に南に北にと目を凝らして眺めていた。

確かに、その男は異常なまでに取り憑かれていた。疑いようもなかった。そうは言うものの、目が眩み、発作に襲われて落ちていくほどまで、男の病がひどかったかどうかは誰にもわからない。何世紀にもわたって途絶えることなく確かに語り伝えられてきた話は、こうである。ある朝、男は喜びのあまり無我夢中で北側に身を乗り出しすぎてバランスを崩し、七十フィートの距離を地面まで真っ逆さまに落ちた。この世で夫が再び動くことはなかった。実際、召使いたちは、城壁の下にあるバレン※の岩から男の遺体をこそげ取らなければならなかった。上品で慎み深い人たちにとっては、全く嫌な仕事であった。奉公し甲斐のない主人であったが、召使たちとしては最低限それだけはしなくてはならなかった。

哀れにも、その悲劇的な出来事には目撃者がいなかった。当然のことながら、モーィラは取り乱し、涙に掻き暮れた。流した涙がモーィラの哀しみの証だった。夫の高所に対する判断力やバランス感覚が悪かったとしても、私には責任の取りようがないわ。そういう欠点は、さまよえる根無し草の外国人には当然あり得ること。嘆かわしいことだわ。大真面目にモーィラは自分自身と側近たちにそういう慰めの言葉をかけた。悲しいことだが、単純明快なことでもあった。

アイアトンの所へ、モーィラは再び行った。憤りで麗しい顔に皺がよっていた。

「なんたることだ！」一行がやってくる噂を聞いて、彼は言った。「絶対にここに入れてはならん！」

しかし、彼女はやってきた。警備兵たちが必死に止めたけれども、モーィラは強引に突入した。

「今度は何の用だ」うんざりして、アイアトンが尋ねた。

その言葉に、モーィラは猛烈に突っかかり、天にも届かんばかりに罵詈《ばり》雑言《ぞうごん》を浴びせた。「閣下、そんな質問で私を迎えてくださるの？ 私にふさわしい男をどうして与えてくださらないのですか。私をこんなに軽んじるとは、恥知らずね。あなたのご機嫌伺いのために、あんな者たちを受け入れたのに、本当に役立たずばっかり！ ああいう男たちがあなたの軍隊を指揮しているとしたら、アイルランドを征服する見込みなどないわね！」

アイアトンはそれには返事をしなかった。気の毒に、彼はモーィラの言葉が当を得ているのを感じていたのだ。和解のために、また将校たちを並ばせた。モーィラは再び男を選んだ。リムリック駐屯部隊の将校のなかでは位の低い男で、クーパーという名前だった。アイアトンは失いかけた対面をなんとか保とうとして警告した。「この男が最後だ。いいな。もう戻ってくるな。私の将校たちが一人もいなくなってしまうじゃないか」

モーィラは微かに冷笑した。そういう考えも確かにモーィラの脳裏を掠《かす》めた。幸せなふたりは、以前と同じく結婚した。ふたりは北西の方向に、予見できない未知の世界、緑の草原へと消えていった。

さて、この男クーパーはレームナに閉じこもり、城のてっぺんから領地を見ることだけに甘んじてはいなかった。彼は乗馬の名手で、新しい領地の隅から隅まで見て回ることにした。毎朝出かけては、あちこち乗り回し、徹底的に調べ尽くした。ついにモーィラは息子のドナにこう言うまでになった。「もう我慢できない。しまいには、この場所全体を気に入ってしまって、何をするかわからないわ」そして、いつものように夫の乗馬を終わらせる計画には事欠かなかった！

城の裏手に、大きな厩舎《きゅうしゃ》があった。がっしりした石造りで、その中にはモーィラの自慢であり、喜びでもある白い牡の駿馬《しゅんめ》が二頭いた。モーィラが自分の手で訓練し、餌をやり、馬は彼女以外の者には従わなかった。

「明日、あのうちの一頭に乗ったらよろしいわ」夫がやってきてから一週間後に、モーィラは上機嫌で言った。「モハーの岸壁近くの領地まで行きましょうよ」

夫は、モハーがどこにあるかは知らなかったけれども喜んだ。頬に風を受けながら、海に向かって北西に馬を走らせているとき、喜びはさらに高まった。あの壮大な自然の創造物、モハーの岸壁が間近に見える所まで近づこうとし

※　アイルランドの西部地方の石の多い場所

ているとは知る由もなかった。だが、知ることになった。すさまじい絶壁の端を用心して進みながら、クーパーが素晴らしい眺めと胸が震えるような高さに驚嘆しているとき、モーィラ・ルーァが口笛を吹いた。たちまち馬は前脚を高くあげた。騎手が機敏な反応をしたので、一瞬にしてこの世に暇乞いをすることだけは免れた。クーパーは投げ出され、ぶざまに落馬し、黒い蹄《ひづめ》に踏み潰されないように身体を転がした。運悪く西の方に二、三フィート転がったのが、命取りになった。怖ろしい叫び声をあげながら、絶壁の縁から転がり落ち、姿を消した。モーィラは何と巧みに馬を訓練していたことか！

モーィラとしては高い所は苦手だったので、あえて縁に近寄りすぎることはしなかった。かなりの時間待った。しかしながら、ジョン・クーパーは現れず、戻ってくる気配もなかった。モーィラは、悲しげに踵《きびす》を返し、後悔の溜息交じりにレームナへの帰路についた。

「つかの間のこの世の栄光」その夜、寝間に退くとき、モーィラは部屋つきの召使いに憂鬱そうに言った。この言葉がジョン・クーパーの墓碑銘となった。

再び、モーィラ・ルーァは自由の身になった。まさにこの自由こそ、バレンの王子であり、クレア北西部の最も古いアイルランド人一族の子孫であるテレンス・オロッホリンとモーィラとの全く予期せぬ戦いの糸口となったのである。一族の権力は、イギリス議会の議員たちの勝利の前では、少し翳《かげ》りが見えていたが、テレンスは、礼節のある古くからのアイルランド的やり方にプライドを持ち、それが身に沁みついていた。傲慢な彼が周りを見回すと、モーィラがいた。広大で、すぐにでも攻略される領地を守る男がいないのを気の毒に思い、もしモーィラが結婚してくれ、と言うなら受けようと提案した。

モーィラは気に入らなかった。これ以上、夫なんてとんでもない。だが、彼は美男子の見本みたいな男で、手足が強くハンサムで優れた騎手でもあった。優しい説得だったら、結果がどうなっていたかはわからない。だが、テレンスは女性に接する手練手管《てれんてくだ》に長けていなかった。昔からのやり方で、彼はモ・ディーラハ※に訴えるだけだったので、モーィラをしつこく悩ませた。目覚めているときは責め苛《さいな》む悪夢となり、ついにモーィラには耐えられなくなった。払い落とさねば！　自分の家で囚人みたいになってしまう。そんなことに我慢する気など毛頭なかった。

モーィラは大胆不敵なテレンスを呼び出し、礼儀正しくもてなした。形式張った挨拶と世間話の後、厩舎に案内した。暗がりだったのでテレンスはすぐには目が慣れなかったが、その場所に視線を感じた。どう見ても敵意があり、邪悪な眼で見つめられていることに、すぐさま彼は気づいた。背筋が凍りついた。だが、モーィラは陽気に喋った。

「バレンの王子様、あなたがあの動物に乗ってモハーまで行き、帰ってこられたら結婚してもいいわ」彼女はそう言って、馬を指さした。そこには不気味な静けさをたたえて見つめているモーィラの牡馬がいた。その向こうには、苛立つほど静かにもう一頭がいた。

テレンスは狼狽《うろた》えなかった。虚勢を張って答えた。「やってやろうじゃないか。結婚のことを考えておくがいい。明日ここに来て、その馬に乗って出かけることにする。朝早くにな」

押し潰されそうな暗がりのなかで、邪眼《じゃがん》から何の傷も負わずに、今のところ退散できることを喜んだ。三対の眼に穴があくほど見据えられ、重苦しい空気の中を何かが近寄ってきているのを感じた――なぶりものにされるのか。

テレンスは自らを頼りとする男であり、忠告や頼みを求めるような男ではなかったが、その夜、疎遠になっている父親のもとを訪ね、その日に起こったことを話した。

「どうしたらいいでしょうか」最後にそう尋ねた。「あの女が、私の命を狙っていることは確かです。挑戦を断ることはできません。そんなことをしたら名折れです」

「おまえは思ったよりも分別があるな」不自由そうに立ち上がりながら、父親が答えた。身体中の骨が痛み始めていたのだ。「私に任せろ。あの馬を乗りこなす技術がおまえにあるのはよくわかっておる。だが、モーィラがつけた馬

※「直球、ストレートなやり方」の意のアイルランド語

具を使ったら、生還して、その武勇伝を語り伝えることはできないだろう」彼は召使いを呼んだ。「階段の下にある手綱と轡《くつわ》を持ってこい」召使いがそれらを持って来た。

「さて」父親がテレンスに言った。「これを先に送っておく。キルフェノーラの向こう、一マイル行った所で、この手綱と轡がおまえを待っているからな。いったん放たれたら、あの馬を止めることはできない。だから必死にしがみついて、そこを通り過ぎるとき、これをおまえに投げてくれる男を目を皿にして捜せ。モーィラが以前小細工をしたのを見たことがある。鉛の轡と延びる手綱だ。それほど新しいやり口でもないが、気づいていない人間を殺すには充分だ。私の言うとおりにするんだ。そうすれば生きて戻れる」

テレンスは父親を信じて助言どおりにした。翌朝、案内されて、平静を保とうと少なからず努力しながら、レームナの宮殿にいたる三つの門を通り抜けた。命をかける決意は固く、モーィラが現れるのを待った。やがて彼女がやってきて、厩舎へ直行した。彼女は、選んだ馬の所へ急ぎ行き、自分で愛馬に馬具をつけた。その間ずっと馬の耳元に何か言葉を囁《ささや》きつつ、まばゆい朝の光の中へと先導した。

馬と男がお互いに冷たい視線を交わしたのを見て、モーィラは我が意を得たりと喜んだ。これは戦いになるだろう。それだけは確かだった。テレンスが、いかに馬術に長けていようとも、この世での最後の旅に間もなく出かけることになる。モーィラはそう確信していた。

「乗りなさい」ぶっきらぼうに彼女が命じた。言われるままに彼は馬に乗った。

戸口に従者が現れた。モーィラが頷《うなず》くと、召使いは一番奥の門の所にいる男に合図を送った。たちまち樫の木でできた高い門がさっと閉まった。テレンスは敏感に全てを察し、恐怖に囚われた。結局、罠だったのだ。挑戦を受けて立つぞと叫ぼうとした。何でも来いと身構えた矢先に、モーィラが再び落ち着き払って「さあ、どうぞ」と促した。

モーィラは馬と騎手を中庭に案内し、今ちょうど閉まったばかりの門に向かって、簡単に身振りで示した。「お若い方、まず試してくださいな」モーィラが「若い」と強調した言葉がテレンスの胸に刺さった。「勇気があるなら、あれを飛び越えてくださいな」

命取りになるかもしれないとわかりながら、テレンスは一瞬の躊躇《ためら》いもなく馬に拍車をかけ、モーィラが握っている手綱を掴み取った。肝を潰す速さで馬は中庭を驀進《ばくしん》し、テレンスはのけぞった。力強い後ろ足が勢いよく彼を振り落とそうとした。門とその上にあるアーチの石細工の間の恐ろしく狭い空間に向かって、馬が高く、さらに高く跳びあがっていくときでさえ、彼はどうにか馬に掴まっていた。馬の首に顔を磨り潰さんばかりにくっつけ、本能的に両手で掴まっていたからこそ、永遠とも思える次の六秒間で自分が何とかやれるぞと思えたのだ。見事にやってのけた。着地のショックにも耐え抜いた。もし手綱だけに頼っていたら、頭蓋骨《ずがいこつ》が中庭の丸石に模様をつけていただろう。モーィラが驚いたかどうか、テレンスにはわからなかったし、もはや気にも留めなかった。しかし、なぜその城が「レーマネハ※」と呼ばれてきたかが、はっと頭に閃《ひらめ》いた。残っているふたつの門を駆け抜け、蹄が響く度に、勇気が湧き出てきた。誰も彼を止めることはできなかった。人々は予想だにしなかったことを彼がやってのけたのでただ驚くばかりだった。

テレンス・オロッホリンは、怒濤《どとう》のような雄叫びを残し、力強い獣をモハーに向かって駆り立てた。思惑どおりに事が運んでいるのをモーィラは喜んだ。だが、テレンスが何を考えているかを知ったならば、自信をなくしてしまっただろう。もはやテレンスの関心の対象は彼自身の事だけに留まらなかった。テレンスには分っていたのだ。このことをやり遂げれば、自分の名声、そしてまた一族の名声も、永遠に残るだろう、と。

キルフェノーラの西一マイル辺りに、駿馬でさえも速度を落とさなければならない場所、地面が盛り上がった所があった。そこに父親の忠実な家来が待ち受けていた。手綱と轡を放り投げ、若主人に躊躇いがちに別れの手を振った。若主人が巨大な獣と取っ組みながら、坂を越えて姿が隠れるまで不安な面持ちで見送った。

※「馬の跳躍」の意のアイルランド語。現代は城の名前は英語で「レームナ」と呼ばれている。

「今日こそ神のご加護がありますように、ア・ヴァハィル」[※1]と家来は呟いた。「さもないとお父様の目覚めが悪くなりますから」

テレンスが、どうやってモーィラの轡と手綱を父親のものと交換したかは、今でもコルコムロウの男爵領では語り草になっている。多くの者がつまらない賭に勝とうとし、勇敢な早業を繰り返し試した。しかし、たとえ誰かが成功したとしても、何の意味もない。アイルランドのその地域には、モーィラ・ルーァの馬のような動物はそれ以来いないのである。重要な事実はひとつ。彼、テレンスがその早業を成し遂げた、ということだ。モハーに近づくときまでには準備ができていた。必要なことは全て終わっていた。ファィル・ブリシュテ・クリー[※2]と呼ばれている場所で、馬は絶壁の縁まで真っ直ぐに進んでいった。もしモーィラの馬具だけが頼みの綱であったなら、その夜、テレンス・オロッホリンは聖人たちの眠る寝床に身を横たえただろう。彼は聖人たちに畏敬の念を抱き、尊敬してはいたけれども、仲間に加わりたいとは思わなかった。ぎりぎりのところで力一杯手綱を捻《ひね》ると、はみが馬の顎の骨を砕く音がした。それは不快な音だった。

馬への影響はさらに劇的だった。激しい痛みにいななき、ひっくり返り、口から泡を吹き、血を流し、蹄をテレンスめがけて打ちつけた。だが、テレンスはすでに安全な距離まで逃げていた。大きな獣の憤怒《ふんぬ》の形相《ぎょうそう》を見て、心臓が激しく鼓動した。

明らかに重傷を負っているにもかかわらず、馬はレームナに向かってもがきながら帰っていった。テレンスはすぐ後を追った。馬の力と大いなる魂には驚嘆した。しかし「覆水盆に返らず」である。理由もなく、これほど気高い動物を傷つける気はなかったのだが、自分が無事でいられたのは喜ばしかった。父親に感謝しなくては！

モーィラ・ルーァがいつも座って領地を眺める石の椅子の近く、レームナから半マイルの所で、馬はついに倒れた。鼻孔から滴っている黒い血が全てを物語っていた。女主人を二度と見ることはないだろう。テレンスは、馬の見せた勇気に最後の敬礼をし、その日二回目の声を天に向かって張り上げた。レームナの城壁にたいしてオロッホリンが戦いの雄叫びを発したのだ。

あっという間に反応があった。モーィラと家来たちがその場に現れた。だが、テレンスはいなくなっていた。まさに地中に消えたように思われた。バレンに生まれた者だけができることである。

「オロッホリン一族に呪いあれ」愛する獣の頭を優しく揺すりながら、モーィラは喚《わめ》いた。「特に年老いた父親にこそ呪いあれ」テレンスの技は、年長の賢者によって助けられているとよくわかっていたからだ。「復讐してやる。聞こえるか。復讐するのだ」甲高く思いの丈を叫び、その様子を見守っている辺りの禿げ山に向かって啜《すす》り泣いた。

このようにして、老人たちに対する血の復讐が始まった。息子のドナがモーィラを助け、唆《そそのか》した。狸や狐を狩るのに似た新しい形のスポーツだ、とドナは考えるようになった。二人は一緒になって、六十歳以上の老人を全員、ある決まった日に城に連れてくるようにというおふれを出した。長寿の秘訣を学ぶために、そういう賢い老人たちと話したいのだということだった。この見え透いたやり方に騙される者は少なかった。ただ領地に最も近い者だけが応じた。それも義務からというより恐怖からだった。そういう老人たちは、自分たちの本能に従うべきだったのだが……。最後の一人が城の庭に入ると、外側の門が大きな音を立てて閉まった。老人たちは、絞首台のある門の前にいることに気づいたが、時すでに遅しであった。老人たちも警備の兵たちも全員が、うら寂しい壁に縮みあがった。運命から逃れようとしても無駄だった。一人ずつ捕らえられ、空中に綱がぶら下がっている場所まで、階段を上らされた。一人ずつ死んでいった。彼らは、意味もなくモーィラの容赦ない怒りの犠牲になったのだ。

その地方は、この凄まじい悪意ある犯罪に怯えた。クロムウェルの部下でも、これほど残忍なことはしなかっただろう。レームナに力がある限り、この狂気が過ぎ去るまで、全ての老人たちを隠す以外になす術《すべ》もなかった。隠れ場

※1　「少年よ」の意のアイルランド語
※2　「心臓破りの絶壁」の意のアイルランド語

所はたくさんあった。洞穴の中や石灰岩の道や丸石の蔭に隠れ、幸運を祈った。この老人狩りの仕事にドナが立ち上がり、毎日数人ずつ探し出した。母と息子、二人の力を合わせたよりも大きな力を持った奇妙な亡霊に行く手を阻まれなかったなら、ついには全ての老人が殺されてしまったことだろう。

ドナは、リナネの借地人の一人である静かな目立たない男を、しばらく監視していた。その男の両親がまだ生きていることを知っていたからだ。今までのところ、死に繋がる詰問《きつもん》は気まぐれから差し控えていた。その代わり、どんな些細なことであれ、言葉をかけるたびに恐れ慄《おのの》きぺこぺこする哀れな男を見守っていた。だが、遊びの気分はすぐに消え、直ちに親を引き渡せと命じた。

「どこにいるのか、知らねぇんでごぜえます、領主様」リナネの男が口ごもった。「かなり前に家から出ていってしまったんで」

ドナは、面白そうに彼を見つめ、氷のような言葉を吐いた。「おまえの命か、親の命か、どちらかだ。昼までに決めて来い」それから何か楽しいことが起こったかのように、振り向いて次のように言った。「おまえの最良の友と最悪の敵も連れて来い。おまえの選んだものが私の気を晴らしてくれたら、その時は……どうなるかな！」

彼の笑いにはユーモアなどなかった。リナネの男はそのことをよく知っていた。哀れな男は身動きが取れなくなり、一挙手一投足に恐怖が感じられた。家に帰り、悪い知らせを告げに両親の隠れ家に向かった。だが、そこには客がいた。今まで見たこともない風体の人だった。髪と髭は白く長く、節のついた杖を持ち、襤褸《ぼろ》をまとい、素足は道を歩いたために硬くなっていた。その人は、洗礼者ヨハネの成り代わりのように見えた。リナネの男は根が生えたように立ちつくし、顔には恐怖の色が深まっていった。両親は見つかってしまったのだろうか。どこからこの生き物はやってきたのか。

座って話を聞くように促したのは父親だった。このようにして、不思議なマシュティーン・クェアハ・ナクルアへ（鋼《クルアハ》の盲犬）について、またレームナの暴虐から老人を守るという彼の誓いについて聞いた。自らの過去については多くを語らなかったが、男の声は遠い昔の偉大な人のような響きがあり、話す言葉は心を和ませてくれた。

「私は、老人を助けるために送られてきたのだよ。あの血なまぐさい暴虐をやめさせるためにな」彼は歌うように語り、さらに不気味につけ加えた。

「老齢と栄誉が……再び共に歩むまでは、私は仕事をやめないからな」その声は奇妙に震え、リナネの男は驚いた。しかし、マシュティーンに穿《うが》つような眼でじっと見つめられると、ドナに睨まれるよりさらに不安になった。

「おまえさんに要求されていることを言ってくれ」同じ嗄れた格調高い声が強く要求した。

リナネの男はすぐに事情を話した。

「おまえさんの友と敵だと。ほう。戻って犬を連れて行きなさい。それ以上の友はなかろう。おかみさんも連れて行きなさい。それより偉大な敵はなかろう。おまえさんが帰ってくるまでここで待とう。全ては私の思いどおりになるからだ」

哀れな男は、厄介な話に少なからず狼狽え、どうしたらいいかわからずに突っ立っていると父親が手で合図した。

「行け！ 話を聞いただろう。そのとおりにしろ。一分一厘狂いなくな」

リナネの男はよろめきながら去っていった。妻と犬を呼び、レームナに向かった。黙りこくっていた。可哀想な妻には一言も説明しなかった。怖ろしい城壁の外に辿りつくまでは。そこにはドナが待ちかまえていた。

「ほう、やってきたな。だが、あのいまいましい老いぼれどもはどこだ。俺の命令に従う気はあるのか」

「はい、領主様。できるかぎりのことをしました。せめて最悪の敵と最良の友は連れて参りましたです」

ドナは女がひるみ、歩みを止めたのに気づいた。彼は少し顔をゆがめ、にたっと笑った。夫婦はお互いを見つめ合っていて、そのことには気づかなかった。妻の方は行方不明の知人が、不意に目の前に現れたのを見ているかのような顔つきだった。

「おい、おまえ、どっちがどっちだ」ドナが苛立ち、小声で訊いた。

リナネの男の口が、数回開いたり閉じたりして、ようやく怖れていた言葉を捻り出した。「こちらが私の友です」妻から顔を背けて、犬を指さした。妻は石のように黙って立ちつくしていた。「じゃ、おまえの敵は誰だ」ゲームを楽しみながら、ドナが執拗に尋ねた。不運な犠牲者は逃れることができなかった。どのように眼をぎょろつかせても、ふたつの眼差しの間に止ってしまうのだった。ひとつには嘲《あざけ》りが、もうひとつには今では憎しみが漲《みなぎ》っていた。最後に苦しい懇願をして、リナネの男はドナの眼を見つめた。そこには慈悲のかけらもなく、ただ嘲りの言葉があるだけだった。「言え！」

震えながら、指を挙げて言った。「あの女です」

その手は傍《かたわ》らに力なく垂れた。

ドナは、女の怒りが爆発するのを待ちかまえていた。だが、言葉もなく涙を流すだけで、啜り泣きながら女は歯を食いしばっていた。それでもドナは待った。この段階が過ぎると、女が喋り出すのを知っていたからだ。不信のショックのあまり、彼が知りたい以上のことを恐らく女は喋るだろう。そのとおりだった。女の哀しみはすぐに怒りに変わり、しかも激しい憤怒《ふんぬ》になった。

「あの汚らしいボダーハ[※1]じじいのいる所にご案内します、領主様。それにあいつの母親クラーハ[※2]の所にも。あいつらを括《くく》る縄に人手がいりようだったら、私も仲間に入れてくだせぇまし」

妻の言葉どおりになった。夫は武装した召使いが両親の隠れ家を取り巻いているのを眺め、やりきれない思いだった。しかし彼らが引き出してきた人は、リナネの男の父親ではなかった。確かに年は取っていたが、探している男ではなかった。

他ならぬマシュティーンその人であった。襤褸をまとい、素足で、手には杖を持ち、老人はドナの前に放り出された。その間リナネの男はあっけにとられて、言葉が出なくなってしまった。女領主であるモーィラと召使いさえもが、その奇妙な姿を見るために出てきた。

「これはどういうことだ」ドナが喚いた。彼はリナネの男を睨みつけ、服に指を突き刺した。「百姓、説明しろ、さもないとおまえの骨が……」

　彼の怒りの言葉は、マシュティーンの冷たいひび割れた声で、掻き消されてしまった。「私がやって来た」軋《きし》るような声がした。「ドナ、おまえに警告するためにな。気をつけよ。クルアハの呪いがこの場所の上に垂れている細い糸に掛かっているからな」

　ドナがその場でマシュティーンを殺せと命令を下すかもしれないと、一瞬リナネの男は思った。だが、実際は、鋼鉄のような声でモーィラが言った。

「耄碌《もうろく》じじい、出発の準備ができたらさっさと出ていけ」そう言いながら、狼のように歯を見せてにっと笑い、召使いを手招きして、縄を持ってくるように命じた。マシュティーンは一言も聞いていなかった。盲目の瞳は、しっかりとドナを見据え続けたので、若者は明らかに不安になり始めていた。

「ドナ・オブライエンよ、どんな凶兆がおまえの周りを取り巻いているかを知りさえすれば」マシュティーンは声を荒げて、今はモーィラに向き合った。「母親の温情があるべきところに欺瞞《ぎまん》があるのだ。私の知っていることを教えてほしいと頼むがいい」

「そのようなたわけたことを聞くために立っていなくてはならないのか」モーィラは、麻縄を持ってきた召使に足早に近づきながら言葉を続けた。

「私はそんな気はないね」そう言って縄を掴み取った。

　マシュティーンはその顔に笑いかけ、ドナが勇気を出して尋ねるのを待っていた。

※1　「愚か者、ならず者」の意のアイルランド語
※2　「鬼婆」の意のアイルランド語

「母上、待ってください！」若い主人は老人にも一気に命じた。「さあ、聞こう。凶兆や欺瞞について話してくれ。爺さん、おまえの話を聞こうじゃないか」

モーィラは明らかに不意をつかれた。以前には、自分自身の家で自分の下した判断が問いただされたことはなかった。そのことにも我慢できなかった。荒々しく息子を脇へ押しやり、顔には軽蔑の形相が表れかかっていた。彼女をさらに驚かすことがあった。ドナが片手を彼女の肩におき、進もうとするのを遮ったのだ。

「母上、待ってくださいと言ったのです。私は聞きたいのです」

彼はマシュティーンに向かって合図した。「今のうちに話をしてくれ」

一瞬静まりかえった。モーィラさえ邪魔することはできなかった。老人はたじろぐことなく指を上げ、真っ直ぐモーィラを指さした。

「腰元として、女の服を着た十二人の若者を連れている理由を、母親に聞くがいい。そうすれば、私が知っていることの幾分かは、おまえさんにもわかるだろう」

老人の言葉は、灰色の城壁をも壊すことができる何台もの大砲のようなものだった。突如、不穏な空気が漂った。

ドナは急に振り返った。母親が屈辱を受け、激怒している表情を見て、老人の大言壮語より何かもっとひどいことがあるのだとわかった。きっとした顔をして、声を張り上げ、ドナはいくつかの命令を怒鳴った。自分の声も聞こえないくらいであった。モーィラの腰元たちが中庭に呼び入れられた。次の瞬間、言語に絶することが起こるかもしれないとはっと気づき、ドナは他の召使いたちにそれぞれの仕事に戻るように命令した。召使の姿が消えたとき、ドナは美しく慎ましやかな女に近づいていったが、その顔にはプローモース※など全くなかった。モーィラの猛烈な抗議にもかかわらず、次々に女たちのスカートをめくっていった。すると、怖ろしいことに、マシュティーンの言葉どおりにそのなかには一人も女はいなかった。全員が若い男だった。

しばらくの間、ドナは眼を瞬《しばた》き、この状況を把握しようとした。その目的は、すぐには呑み込めなかった。もし知られたら、モーィラはその時その場で息絶えていただろう。ところが、モーィラの激しい抗議にもかかわらず、ドナはこれらの「女官たち」全員を即刻縛り首にした。哀れな最後の一人が倒れたとき、彼は向き直って母親を睨みつけたが、マシュティーンにはこう話しかけた。「おまえは、今日私の役に立ってくれた。褒美を取らせよう。名前があるなら名乗れ。私の力でできることなら何でもしてやる」

「私はただ、年寄りに正義と安全を望むだけだ。やめてくれ、あれを」絞首台を指さしながら言った。

ドナはしばらく考え、それから肩を竦《すく》めた。「そうしてやろう」潜んでいる召し使いがいたら聞こえるように、彼は声を張り上げた。「今から、私の領地内では、どの老人にも好きなことをさせ、困らせないようにさせよ。これを命ずる」

マシュティーンは目的を果たし、行く先々で多くの人々をほっとさせながら、クルアハの荒野に消えた。

しかしながら、ドナの考えはすぐに掻き乱された。血は水よりも濃いのだから、ドナとモーィラの仲違いは長続きしなかった。まもなく二人はもとのさやに収まった。まず彼らの土地を通る旅人に膨大な通行料金を課し、さらに最も貧しい者だけがその道を通るようになったときには、完全に閉鎖してしまった。バレンの人たちにとっては大層不都合なことであった。人々はすぐさまテレンスのもとに走って知らせ、何とかしなくてはならないと彼に思わせるように仕向けた。

父親に相談もせずに、テレンス自身が手筈《てはず》を整えた。不思議なことだが、二日後の夜、二つの通行門がともに焼け落ちた。火を消すためにレームナから駆けつけた寝ぼけ眼の召使いたちは、顔を黒く塗り、武装した物言わぬ男たちと対決した。恐れ慄いた召使いたちは連れ去られ、夜が白み始める頃解放された。彼らは城への警告を持って帰った。道を開けろ。さもないとひどい目に遭うぞ！当然のことながら反対のことも起こった。暴虐《ぼうぎゃく》は、脅迫《きょうはく》には滅多に屈

※「お世辞」の意のアイルランド語

しないのだ。門は再建された。以前よりも頑強に。それぞれの門に衛兵所が設けられ、常時衛兵が駐在した。バレンの人々は快く思わなかった。ツラダリーのマクナマラも快く思わなかった。クレアの北にある彼の領地からは、いつもの小作料がもはや届かなくなったからである。彼の集税吏《しゅうぜいり》は、モーィラの怒りの猛攻《もうこう》に遭っていたのだ。小作料支払いの日に、彼には何も届けられなかった。レームナの通行門で全てが没収されていたからである。実際、彼の小作料はモーィラの小作料になった。当然、彼は面白くなかった。だが、どこに賠償を訴えるべきか。

マクナマラはあちこち尋ね回ったあげく、マシュティーンの所へ行く道を教えてもらい、彼に事情を説明した。賢者はただ頷《うなず》いた。すでに新しい強制取り立ての噂を耳にしていて、人間の悪行には辟易《へきえき》していたので、驚きもしなかった。うんざりしながら、機が熟したら個人的に介入しようとマクナマラに約束した。その間に、彼の金がモーィラにもぎ取られないようにするためにどうすべきか忠告を与えた。その計略は簡単そのものだったので、ツラダリーの領主マクナマラは、老人の実地面での鋭さに感嘆して頷き笑った。次の小作料支払い日には、文字どおり忠告に従った。いつもの男たちの集団ではなく、小作料集めには一人の若者を送り、代金の四分の一は銅貨で払わせるように命じた。小作人の間を一巡すると、若者は金を三つに分けた。銀貨と金貨をひとつの袋に入れ、それを隠した。量がかさむ銅貨を他の二つの袋に入れた。レームナに近づいたとき、鞍の上に袋を突き出し、これ見よがしにぶら下げた。予想どおり衛兵に止められ、いつもの法外な通行料を要求された。勿論言われていたとおりに、疑われないように一応抗議した。だが、膨らんだ銅貨の入った袋は誰の目にも見えた。貪欲な手がそれらを引っ掴んだが、若者は引き離した。

「近づくな！」若者は叫んだ。「掴むな！　おまえら、何という卑劣な野郎だ。金がほしけりゃ、丁寧にくださいと頼めば、くれてやろうが」

彼らは立ち止まって、胡散臭《うさんくさ》そうに若者を見て尋ねた。「何を言っておる、くれるだと?」

「まさにそのとおりだ」ひとつの金袋の紐を解きながら答えた。「ほら、やるぞ」若者は、道路のこちら側から反対側まで大きな弧を描いてコインをまき散らした。彼らは不意をつかれて、本能的に膝をついて埃《ほこり》の中ではいずり回り、数枚のコインを取ろうと惨《みじ》めに争っていた。

してやられたと気づいたときには、若者は二つ目の通行門で、同じようにもう一つの金袋をすでに差し出していた。再び彼の計略は成功した。屈強の男たちにも不可能だった場所から脱出した。ついに、レームナの強奪は峠を越したので、ツラダリーの領主マクナマラは喜んだ。懇《ねんご》ろに感謝するために賢者の所へ自ら足を運んだが、マシュティーンは杖を手にして出かけてしまっていた。ある訪問に機が熟したと判断したからだ。

息せき切った召使いが、二人の面前によろめきながら辿りつき、知らせを喘ぎ喘ぎもたらしたときに、悪辣《あくらつ》な母親と息子は、はじめて賢者の訪問を知ったのである。お互いに顔を見合わせ、胸壁に急いで上ると、二人の心の中で作り上げた最悪の人間が、実物となって眼下にいた。だが、何をしているのか。美しい装飾庭園を踏みつけ壊していないことだけは確かだった！

モーィラは金切り声で呪いながら、対決するために八十九段を駆け下りた。その間ずっとおまえのような役立たずのムドーン[※1]のためにきっぱりとあいつを殺すから手伝え、とドナに怒鳴り続けていた。その冷たい階段をそれほど速く下りた人はいなかった。怒りにまかせ急ぎ下りてきたが、殺人孔[※2]の所で遮られた。その真下にある扉に長い不吉な影が差していた。

二人は真っ直ぐに駆け下りてきて固唾《かたず》を呑んだ。そこにはしかつめらしい顔つきをしたマシュティーンが、不気味な光に包まれていた。そしてあらゆる感情を殺した声で言った。「私の最初の警告では充分でなかったわけだな。おまえたちが無理矢理ここに、私を来させたのだ。さて」彼は戸口の側柱を掴んでいた。「道路で執拗に不正を続ける

※1　「愚か者」の意のアイルランド語
※2　城の通用門の天井に設置された穴で、そこから熱湯や石などを落とし、入ってくる敵を攻撃した。

ことを選んだのだから、もうこれは必要ないな」老人の弱々しい指が硬い石灰岩をしっかりと掴んだ。二人を見据えて、石をぐいと引っ張った。すると石がはずれてきた。それを見て、二人は愕然《がくぜん》とし、震え上がった。そんなことがあり得るだろうか。二十世代先まで持ちこたえるように、名匠の石工が組み上げたものを、あんな萎《しお》れた爬虫類《はちゅうるい》みたいな奴がその場所から抜き出すなんて、どうしてできようか。百五十キロもあるバレンの石が、軽々と老人の手中にあった。こんなことがあるはずがない。次の石も、また次の石も。素早く老人は、その不動の石をさらに二枚抜き取った。

老人は笑みを浮かべて、待っていた。

母親と息子は、目の前で起こっていることが信じられないで、無言で立ちつくしていた。その狭い場所で、老人は黙ったまま親子の心臓に恐怖を叩き込んだある動作をした。腕を最大限に伸ばし、両掌のつけ根を戸口の側柱に押し当てた。慎重に肩を丸め、力を振り絞り、外側に押し始めた。このような状況でなかったなら、この光景は奇妙で滑稽にさえ映ったことだろう。この獰猛《どうもう》な二人だったら、嘲り笑って楽しんだことだろう。だが、今までにこの老人の行いを見過ぎるほど見てきていた。一心に力を振り絞っているマシュティーンが低い唸るような声を出すと、石積みの奥深くから、キーンとひび割れるような音がした。かすかにモルタルの埃が肩に落ちこぼれてきたが、老人は取りかかっている仕事以外に何も気づかないようであった。モーィラは、恐怖に慄いて上を見上げ、跪《ひざまず》いた。ドナも、足が恐怖の重さに耐えられず、同じように膝をついた。

「おまえさん、もし」彼女は叫んだ。「お願いです、やめてください。やめて。やめて。お願い。私たち、生き埋めになってしまうよ」

老人には聞こえなかったようだった。モーィラは足元にしがみつき、前にもまして熱心にやめてくれるように頼んだ。「ちょっとだけ耳を貸してください。どうぞ、ただ聞いていただくだけでいいのです。私たちは、永遠におまえさまの僕《しもべ》になります」

モーィラの一生の間で、これは最も屈辱的で、しかも非常にモーィラらしくない瞬間であった。モーィラの敵でさえ、モーィラがそんなことをしたとは信じがたかっただろう。しかし、滅亡が差し迫っているので、以前と同じように必要なことをした。今回は、懇願し屈伏した。

老人の張りつめた肩が緩んだ。年老いた太腿は張りを緩め、老人は長い溜息をついた。そのひんやりした部屋で溜息をついたのは彼一人ではなかった。モーィラは項垂《うなだ》れ、ドナは掌を額にあて、指で髪を梳き、ほっとしたせいで身体が震えていた。

しかし、これで災難が終わったと思いきや、まだこれから更に先を想像しなければならなかった。というのは、老人のひび割れた声が、卑しむべき人間を無慈悲に鞭打ったからである。その言葉は簡潔だった。

「もう一度、一度だけでも、おまえたちの悪行の噂が私の耳に入ってきたら、またやってくるぞ。そうなったら、おまえたちが大事にしているもの、おまえたちが所有しているもの全てが、崩れ落ちてしまうと思え。これ以上は言わぬ。だが、確かに言葉どおりになるからな。私をこれ以上唆《そそのか》すでない」

まだ恐怖に震えている二人からマシュティーンは踵を返し、荒野へと、物語の中へと姿を消した。再び彼は呼び戻されることもないだろう。ここにも、またどこにも。彼の仕事は終わったのだ。

彼の忠告は聞き入れられたと言ってもいい。というのも、モーィラは新しいページをめくったからだ。いや、ほぼ、といったほうがいいかもしれない。彼女もドナも旅人が通行する妨害をしなくなった。また、老人たちが立ち去っていくのに声をかけることもなくなった。だが、モーィラのような人間からは、染みこんだ生活習慣がすぐに消えるとは考えがたかった。実際に消えはしなかったのだ。人前では厳しく抑えていたとしても、レームナの館での彼女の振る舞いを問いただすものは誰一人いなかった。公人としては抑制が利いていたが、レームナでその埋め合わせをしたのだ。残忍な行為が、たまたま敷地内での日常生活の中で起こっていたとしても、それはやがて習慣になってしまい、非人間的な行為すれすれであった。その地方全体に噂が広まっていった。モーィラの気分が優れないときには、召使いの娘たちが古い塔の持出しに何時間も髪の毛でぶら下げられているというのだった。娘たちの悲痛な叫び声は、同じ塔にぶらさげられた男の召使たちの声で、掻き消された。女主人が喜び元気をつけるために、十分間かそれ以上、硬い節のついた縄を首にかけられ、男の召使がぶら下げられていたからである。城に近い所で時折姿を消す美しい赤毛の娘たちは、どうなったのだろうか。娘たちは、とても陰惨な死をとげたという噂が広まった。モーィラの特別な命令で、胸が切り刻まれたのだとも言われた。

「容貌が衰えるにつれて、嫉妬深く偏屈になっていったんだ」地元の人たちは、そのような残忍さを簡潔に説明した。だが、証拠はなかった。遺体は発見されなかった。もし揺るぎない証拠があったとしても、説明を求めることはもとよりモーィラと対決する勇気のある者などいなかった。マシュティーンにしかできないことだ。彼が現れないので、他のものは皆この醜い出来事に目をつぶった。すると、ますます噂は大きくなった。

さらにひどくなっていくモーィラの強情さに打ちのめされたのは、一般の庶民だけではなかった。キルナボーイの主任司祭でさえも逃れることができなかった。彼女は単に喧嘩相手として司祭を選んだ。扱いやすい誰かをうち負かさなければ満足できなかったからだった。モーィラの想像どおり、司祭は馬に鞍をつけて訪れ、向こう見ずにも女性の真の立場を理解するように忠告してきた。「その中途半端な新しい宗教にどこで改宗してきたのだ。そして、ここに来てその宗教をどうするつもりだい」とモーィラははっきりと言ってのけた。可哀想に司祭は憤慨したが、モーィラは嘲笑《あざわら》うだけだった。モーィラが過ちを認め、人前でその考えを取り消すまでは教会に入ることを司祭が禁じると、さらに彼を苦しめようとして、モーィラはコアドに自分の礼拝堂を建ててしまった。モーィラの幼い娘たち、スレイニーとメアリーが若くして死に、葬られているのは、このコアドの礼拝堂である。それは、あの苦難の時代にアイルランドを鞭打った疫病が流行したときのことだった。

「おやおや！ 運がついてないんだな」モーィラを快く思わない人々はほくそ笑んだ。「悪魔にやっつけられないんだったら、結構なことだ。もうやって来てもいい頃なのにさ」

モーィラを打ち負かそうとして、多くの人が失敗した。彼女が悪魔に打ち負かされることなどありえなかった。実際、不幸は単にモーィラを狷介《けんかい》にしただけであり、無情な気質をますます強めただけであった。復讐心を持って黒魔術に傾倒したりしていた。禁じられたことが、永遠の満足を与えてくれるようだった。彼女の注意を惹きつける候補者は、それほど遠くない所に見つかった。

当時のクレアの人々の記憶に最もはっきりと鮮やかに残っている男は、ブイシウス・クランシーであった。彼は、老エリザベス女王に忠誠を誓い、アルマダ艦隊の戦いの間、冷酷無情な仕打ちによって、アイルランドを恐怖に陥れたずるがしこい皮肉屋であった。人々は彼をボハラムと呼び、その名を口にしただけで唾を吐いた。歳月が経つうちに、その悪行の伝説は増えていった。モーィラを惹きつけたのはこの点ではなかった。姻戚関係によってうまく彼に近づいた。妹のハノーラがブイシウスの息子と結婚していたからである。もっとも息子は強い父の薄い影でしかなかったが。何度もモーィラはブイシウスの息子に問いただした。そして徐々に無慈悲な父親のイメージを固めていった。父親は、一五八八年に地方長官として英国総督府にやってきた。聞けば聞くほど、モーィラはこの男に取り憑かれるようになった。多くの点で彼女とよく似ている男であり、男たちの考えによると、死神を騙《だま》してきた人間だった。この亡霊と話すまでは絶対に諦めない、と彼女は誓いを立てた。ドナは母親の愚行を、こう言って激しく非難した。「いや、狂気の沙汰ですよ。母上、死んだ者は朽ち果てるがままにしておくがいい。私たちには関係ないのだから」モーィラはまるで小さな子どもに話すように答えた。「この頃の若者は、この世のこともあの世のこともほとんどわかっちゃいないのだね」そして策を練り始めた。主に堕落した司祭たちや賢い女たち※に、口実を作ったり、盗んだり、脅したり、賄賂《わいろ》を贈ったりして、ついにクランシーの精霊に充分な償いをさせるためには、どうしなくてはならないかを会得するまでになった。危険を伴うという警告を全て無視して、いつもの直接的なやり方で仕事に取りかかった。

※　アイルランド語　mná feasa

秘かに読書室の中で。すぐに怯えるドナは、この冒険では何の役割も果たさないだろう。また加わりもしないだろうから、モーィラはドナには何も話さなかった。クランシーの亡霊が復活するよう選ばれた夜に、若者はいつものようにベッドに入った。古い塔の一番高い部屋で、奇妙な出会いの密計が凝らされていることなど知るよしもなかった。

ざらざらした石灰塗料を塗った壁に影を投げかけている三本の蝋燭の薄明かりのなか、モーィラの仕事が始まった。その前に、用心のために椅子の周りに円を描き、ふんだんに聖水を撒いた。いくら向こう見ずとは言え、モーィラは死者にはまともな敬意を表し、それほど無謀ではなかった。それから亡霊を呼び出すと教えられた呪文を唱え始め、何度も何度も唱えた。

予想していたより早く求めていたものが現れた。はじめのうちは、それが何だかわからなかった。少しの間呼吸を整え、椅子に座り、蝋燭のひとつを取り替えようとしたとき、蝋が流れて煙り、燃えつきた。同時に残りの二本も、まるですきま風が吹き込んできたかのように炎が揺れた。調べる間もなく、三本とも消えてしまい、モーィラの周りは漆黒の闇になった。瞼に残っている輝きを消そうとして瞬き、立ち上がり、手探りで火口箱を取ろうとしたが、その必要はなかった。すでにもう一つの明かりが目に入ってきた。今までに見たこともない異様な明かりであった。窓辺で刺すように強烈な青色から始まり、急速に広がり、人の形のようなものに凝縮した。顔かたちは不鮮明であった。モーィラは床をちらっと見て、呪文で守られている円内にいることを確かめた。

その物体がより明確な形を取ったときに、モーィラは動揺しつつも神経を昂《たかぶ》らせ凝視していた。クランシーだ。肖像画すら見たことがなかったが、モーィラは確信した。

まるで心を読みとったかのように、それはモーィラに向かって跳びかかり、彼女が身体を強ばらせて座っている所から、ほんの二フィート離れた所で止まった。何かが違っている。身体は確かに男性なのだが、足が不格好で細く山羊の足のように蹄が割れている。ぎょっとし、今いる場所に齧《かじ》りついていた。どこにも逃げられない。そのものに最初の一言を喋らせるようにと警告されていたのだから、そうしよう。

長い間、亡霊はそこに立っていた。腕を伸ばしても届かない範囲で、顔を顰《しか》めていた。引きずるように時が刻々と過ぎていくにつれ、ますます不快な顔になった。ついに、まるで差し迫った召喚を受けたかのように、喋りだした。すぐ近くにいるのに遠い彼方から響いてくるような声に、モーィラは動揺した。

「わたしの前にいるのは、おまえか、モーィラ・ルーァ」

今こそ、真実の瞬間なのだ。そのために苦労してきたのだ。

「そうです、ボハラム・クランシー。おまえさまとお話がしたいのです。それをお許しください。そうすれば、私の幸福は申し分のないものになるのです」

「幸福だと？　そんな戯言《ざれごと》を言うな。幻《まぼろし》だ。ただそれだけだ」

モーィラは彼の足元を見た。「羊のように歩くなんて、何が起こったのですか。おまえさまの脛は、どうしてそんなに細くなったのですか」

些細な質問であった。モーィラにもそれはわかっていた。もっと差し迫ったことを訊かなくてはならなかったけれども、モーィラは尋ねずにはいられなかった。クランシーの発する光が波打ち、揺れ、虚ろな声が答えた。「こうなったのはある後家のせいだ。そいつの羊を捕らえたのだ。羊がわたしの領地にいつも侵入してきたからな。道理はこちら側にあるのだがな。なのに、これが報いだ。気をつけろ、モーィラ・ルーァ、後家の呪いには気をつけろ」

「後家など全然気にしません。知りたいのは、おまえさまについてです。どうやって暮らしているのですか。いまどこにお住まいになっているのですか」話しているうちに大胆になってきた。

彼は黙り込んで、考えているようだった。

「一度たりとも、人を痛めつけるチャンスを逃したことはなかったのだ。わたしの命令によって何百人も縛り首になった。無実であろうが有罪であろうが構いはしなかった。今わたしがどこに住んでいるかは言えない。言うつもりもない。だが、これだけは確かだ。わたしをここに連れてきたのと同じ道の途上におまえも居るのだ。おまえがこんなに良く守られていなければ、お互いに連れ合いになれるのにな。今夜、長い寂しい道のりを越えて、おまえは、わたしを呼びだしたのだ、モーィラ。一人で帰るのは寂しいぞ」

その時、声が揺れ、締めつけられたようになり、遙か彼方に消え始めた。「前に踏み出せ」声が呼びかけた。「一歩踏み出せ、モーィラ。そうしてわたしを慰めてくれ、今ではおまえしかわたしを助けられないのだ。おまえ……しか……、おまえ……だけが……」

その声は囁くようになり、消えてしまった。

モーィラは動かなかった。邪悪な霊の罠かもしれないと思ったからだ。夜が明け、完全に日が昇るまで、モーィラはその円の中にいた。日中になってようやく急いで塔から下り、日課をこなした。しかし、その日はあまり働かなかった。考えることがたくさんあった。重大なことばかりだった。

その日以降、周りの者たちはモーィラの態度の変化に気づき始めた。モーィラは今までになくびくびくするような態度をとるようになった。ドナは心配して医者を呼んだが、モーィラは怒って医者を追い返した。「私が耄碌しかけているとでも思っているのかい。おまえの連れてくる医者などに用はない。その日がきたら、私を犬にでも食わせるといい。さがれ！」

召使いたちは散らばり、ドナは肩を竦めた。生活は……張りつめ、用心深く、ぴりぴりした生活がレームナでは続いた。モーィラは滅多にその古い塔には入っていかなかった。入るときには、秘かに自分の周りや上の方を見上げて、まるで連れを探しているような表情をしていた。しかし、彼女からの説明はなかったので、お付きの者たちは何が具合悪いのか推測して、自分たちでその動機をあれこれ考えるだけだった。

国王陛下のジェイムズⅡ世が、わざわざ介入して、ドナがドロモランド準男爵という肩書きを授かったのは、全く思いがけない幸運であった。何はともあれ、幸運と言えた。その知らせは、すぐさまモーィラを無気力な状態から覚ました。引っ越さなければならない。モーィラははっきりとそう思った。彼らがレームナに留まる理由は、もはやないではないか。

「神に見捨てられたこの場所で死ぬつもりかい」モーィラはがなり立てた。「今こそ人々が大勢いる場所に引っ越すのに良い機会だよ。ここに住んでいると、私の才覚も半ば消えてしまうよ」

ドナは当然のことながら驚いてしまった。ひたすらに奮闘し、守り抜いてきたこの館を母親が手放す覚悟でいるとは！ほとんど理解できなかったが、引っ越すという考えに彼自身の特別な理由から惹きつけられた。ドロモランドの準男爵になれば、リムリック、エニス、社交界、宮廷、権威ある人々の近くにいられる。なんて素晴らしいことだろう！レームナでは、羊や召使いにのべつ幕無しに話をして、それで終わりだ。こんな生活などいまいましい！ドナは母親の計画に異論を唱えなかった。むしろその気まぐれを押し進める役をした。

一年も経たないうちに、ドロモランド城の改修工事は終わった。事情に疎い人からすれば、注目すべき偉業であったが、モーィラの評価では当然のことでしかなかった。

「十分金を支払っているではないか。いや十分すぎるくらいだ。終わらせて当然だよ」

モーィラは無駄な褒め言葉など受けつける人間ではなかった。

邸宅は完成したが、構内や装飾庭園はまだこれからだった。ここで問題が起きた。邸宅に面している丘の斜面には、大きな窓から見える所に四つのボホーン※が建っていて、動物の小屋にも相応しくないのに、三つに大家族が、一つに後家が住んでいた。工事の親方は、立ち退きの予告もせず、幼い子どものいる家族を道に放り出した。その時代には、そういうことは日常茶飯事であった。しかし後家の場合には、職人たちが仕事を進めるのをあけすけに断るので、親方は躊躇った。もちろん、息巻いて、あらゆる脅し文句を怒鳴り散らしたりしてみた。しかし、心の底では、職人たちが正当な恐怖に取り憑かれていることがわかっていた。愚か者のみが、後家の呪いが降りかかるのを恐れないのだ。

※「小屋、あばら屋」の意のアイルランド語

屈強な男どもが、後家の呪いを無視して仕事を進めたすえに、二度と日の光を見ることがなかったという話を全員が知っていた。

親方は一か八かに賭ける気はなかった。モーィラに自らやってもらうほうがいいだろう。翌朝モーィラが到着したとき、親方は会いに行き、手に帽子を持ってへつらいながら、事情を説明した。

「で、あの後家をどうしたらいいでしょうか、奥方さま」幼い男の子が悪いことをしたと白状するかのような顔をして、言葉を切った。モーィラは熱心に聞いていたが、話が進むにつれて、容易に信じがたいという表情が顔中に広がった。

「その女をどうするかって？　やっつけちまいな」その怖ろしい声は剣呑なまでに張り上げられた。「なぜおまえに金を払っていると思うんだ、このムドーン！　道路にそいつを放り出すがいい！　それから、あの醜い豚小屋を叩きつぶせ。それしかない！」仕事を早めるために、モーィラはみずから追い立てを監視した。男たちが哀れな後家をあばら屋から引きずり出す間、彼女は身体をぴくりとも動かさなかった。後家はモーィラに訴えた。どうぞ、もう一ヶ月、もう一週間、もう一日でも留まるのを許してほしい、と嘆願した。女は悪女モーィラの前でぺこぺこしていた。奴隷根性丸出しの姿にモーィラは苛立った。道路を指さして言った。

「行け、これ以上ひどいことにならないうちに」

だが、後家はしつこく早口で、泣き言を言い続けた。ついにモーィラの堪忍袋の緒が切れた。瞬く間にモーィラは鞭を手に持ち、しならせた。後家は一気に立ち上がり、去った。モーィラは笑った。這々《ほうほう》の体で逃げる老婆の愚かな姿を見ながら、大声で長い間笑った。

哀れな女は、惨めな思いに——あるいはプライドのせいか——胸を突き刺されながら、四十歩も行かないうちに立ち止まった。彼女は振り返り、一瞬前の恐怖は完全に消えたかのように、ゆっくりと跪き、結果など考えない様子で、ぶつぶつと低い声を出し、熱をこめて言葉を吐き出した。

その距離からでは、モーィラは女の吐く言葉が何を意味するのか聞き取れなかった。何のためだ。百姓というのはたまたま立ち上がって歩く動物だ、それ以上の何物でもない。時には、ご主人様が誰であるか教えてやらねばならない。それこそ生活の決まりというものだ。だが、ここでは何かが間違っている。老婆に最も近い職人たちが立ち竦み、彼女からモーィラの方に恐れ慄いた眼をむけ、死にものぐるいで女を黙らせようとしていた。その様子から、それだけはわかった。

「あの女は何を言っているのだ。あれは何の祈りだ」モーィラは親方を問いつめた。彼は調べようと急いで去って行ったが、戻るのが遅いので、モーィラは苛立った。原因を自分で調べようとゆっくりと近づいた。

そこで待ち受けていたものに、モーィラは不快になった。後家はまだ跪いていたが、恐怖や卑屈さは微塵もなかった。さも軽蔑するような顔つきをして、自分を苦しめた女に面と向かった。

「去れと命じたではないか」モーィラが噛みつくように言った。

「私に別れの贈り物をさせてください。そうすれば私の顔を二度と見ることはないでしょう」

「おまえの顔も贈り物もいらぬ。去れ！」そう言うと、鞭が手首の留め金のところでピシッと激しく鳴った。

「でも受け取ってもらいます」そう言うと、女は指をモーィラめがけて突き出した。「あなたのための私の祈りはこうです。『あの無慈悲なモーィラ・ルーァが首を天と地の間に引き延ばされて死にますように』」

女はそれ以上を語らなかった。というのは、鞭が頬に叩きつけられ、たちまち血が噴き出したからである。さらにもう一回、さらに十二回。鞭打ちが続いた。女が苦痛で叫び出すまで、モーィラは叩けるところはどこでも身体中を鞭打った。職人たちの喉はひりひり乾き、彼らは最悪のことを覚悟した。女主人は、自分の馬に拍車を当て、その蹲《うずくま》っているものを踏みつけて、どろどろにしてしまいたいのだろうか。それとも、ずたずたに引き裂くまで鞭打ちを続けるのだろうか。

モーィラはどちらもしなかった。その代わりに馬から降り、震えている女の前に立ちはだかり、鞭を突き立てた。

「めそめそ泣くのはやめろ、老いぼれの野良犬め」と乱暴な言葉を吐いたが、突然、この出来事のおかしな面に気づいたかのように、面白がって言った。「おまえの歌がましになるようなことがあれば、歓迎しようじゃないか。さあ立ちあがれ、吟遊詩人さんよ。その時が来るまで暇乞いをするがいい」

老婆の口は笑っていたが、眼には笑いのかけらもなかった。その周りに立っている者たちの眼にもなかった。ただ彼らはにっと笑った。それ以外にできることはなかった。女の顔は死者の顔だったと言ってもいいだろう。その顔を見たものは一人残らず吐き気を催した。鞭打たれた惨めな生き物は、足を引きずりながら去っていった。モーィラは再び鞍に飛び乗り、持ち場につけ、と男たちにつっけんどんに命じた。屈強な労働者たちの多くは、仕事に戻るときに十字を切った。

「長い間許しを乞うていたんだから、あの老婆に情けをかけてやってもよかったのになあ。きっとひどい目に遭うぞ」と彼らは呟いた。まもなくモーィラに天罰が下ると確信していたのだ。

まさしく彼らは正しかった。数週間後、モーィラは訪問客の一行をレームナからドロモランドの見事な新邸宅に案内するため、キリナボーイの近くのローホーン山の傍を馬で下っていた。すると一匹の狐が道の前方に現れた。染みついた習性から、一行はすぐに狐を追いかけた。なかなか厳しい狩りになった。この狐は無垢な子狐ではなく、明らかに以前にも追いかけられたことがあるずる賢い老狐だったのだ。狐は、追いかけてくる猟犬がいないものだから、運動を楽しんでいるようで、足が痛くなるほどの速さで田舎を横切って進み、南東方面のファーガスに向かった。

モーィラは得意になり、また若返ったようだった。一行のことなど完全に忘れ、稲妻のように走るしなやかな茶色の動物だけに集中して、前へ前へと進んだ。すんでのところで逃がしてしまう。あと一息だ！　一行には俊敏な若者がいたが、その狩りの間中、モーィラの声が届く範囲についてきた者は、一人もいなかった。モーィラとその馬は無類であったが、全速力で走るにもかかわらず、前を疾走する亡霊のような動物に勝つことができなかったのは奇妙であった。狐は、コロフィンを走り抜け、さらにダイサートとファウンティンの傍を通り、ついにはエニスの町はずれまでやってきた。そこで狐は方向を変え、町の西側から離れずに容赦なく走り続け、とうとうクレアの集落に辿りついた。後にクレア城の要塞都市となる所である。曲がりくねった街並みで人間に出会って尻込みするどころか、狐は真っ直ぐ駆け抜け、橋を渡った。多くの通行人が驚いて立ち止まった。カーネリーへ向けて、狐は、はあはあ息をしながら進んだ。ついに狐のやり方がわかり始めて、モーィラは疲れも知らずに跡を追った。狐はクレア山の頂上に向けて、わざと目を引くようにスピードを落とした。モーィラは微笑んだ。結局彼女が勝つことになる。どんな追跡でも決して失敗したことのないモーィラが。

山の頂に達したとき、モーィラは狐のだらりと垂れた舌、垂れた尾が見えるくらいにまで近寄った。最後にもう一息頑張れば、自分のものだ。他の者たちが、彼女のねばり強さが報われるのを見られないのは残念だ。彼らは今では遥か後方で、彼女の所からは姿が見えなかった。どこで曲がったらいいかもわからずに遠くの橋の上を這いずり回っている虫と化していたのだった。狐は彼女だけのものだった。全く動物的な喜びの叫び声をウォーと発し、素晴らしい一日の仕上げに必要な山頂まで行くように、馬を駆りたてた。気分が高まって前に身を乗り出し、構えの姿勢で鞭をならした。だが、勝利のその瞬間に、ファーガスから吹いてきた一陣の冷たい風が全てを無に帰してしまった。凪は亡霊の息となって、木の生えていない山腹をかぎ針で編むように駆け上り、乗馬マントをひっつかみ、それを前に吹きやった。マントがモーィラの頭と馬の頭に覆い被さってしまった。驚いた馬はのけぞった。モーィラは狩りの獲物ばかりに注意を払っていたので、バランスを崩して後方に投げ上げられ、樫の木の二股の大枝に突き刺さった。一瞬、情けない嗄れ声を出し、クレアやこの世の動向についてのモーィラの関心は、突如終わりを遂げた。共謀したり、策略を巡らしたり、謀《はかりごと》をした五十年が瞬時にかき消えた。

追跡を続けた他の者たちが、ついにモーィラの所に達したときには、彼女は鼠のように事切れていた。彼らはあの後家の呪いのことなど全く知らないので、衝撃を受け恐怖に襲われ、陰鬱な気分になったのは当然である。数時間前、元気が迸《ほとばし》り出ていた女主人が、今は普通の重罪人が見せしめになるときの案山子《かかし》のようにぶら下がっているではないか。信じられなかった。どうしてこのようなことがあり得るのだろうか。彼らがどう願い考えようとも事実は明らかであった。

はじめのうちは、恐怖に駆られて狼狽えたが、彼らはモーィラを木から降ろし、彼女のマントでくるみ、ドナのもとに送り届けた。それから厳粛な一連の行事が始まり、一六八六年六月二十三日にエニスのフランシスコ会派の修道院に埋葬することによって終わった。葬儀には、その地方の全ての諸侯たちが参列した。家族の友人も敵もその日、その場で肩を寄せ合い、全ての敵意は、少なくとも人前では一時脇へおかれた。ほぼ半世紀以上の間、権力ゲームを行い、しばしば彼らをうち負かしたモーィラにオモース※を捧げた。

肉体は地中に安全に埋められたけれども、心は少しも安らかではなかった。年寄りが言うことを信じるならば、霜の降りる静かな夜には、今でもモーィラの力強い馬の蹄の音が雷鳴のごとくローホーン山に響くそうである。馬は永遠に到達できない目的地に向かって疾走しているのだ。恐らくクレアの山の上に立つ古い樫の木の切り株に向かって。モーィラが出会った死神が宿るその木は、今は切り株しか残っていない。年寄りたちは言い張るのだが、モーィラの亡霊はそこに宿っている。そしてゆっくりと朽ち果てていくまでしっかりと留まっているのだそうだ。最後の木片が土に帰するまでは、魂が解放されないのだという。誰にもわからないほど遠い昔に、その木は土から芽吹いたのだから。

※「敬意」の意のアイルランド語

3 レディ・ベティ

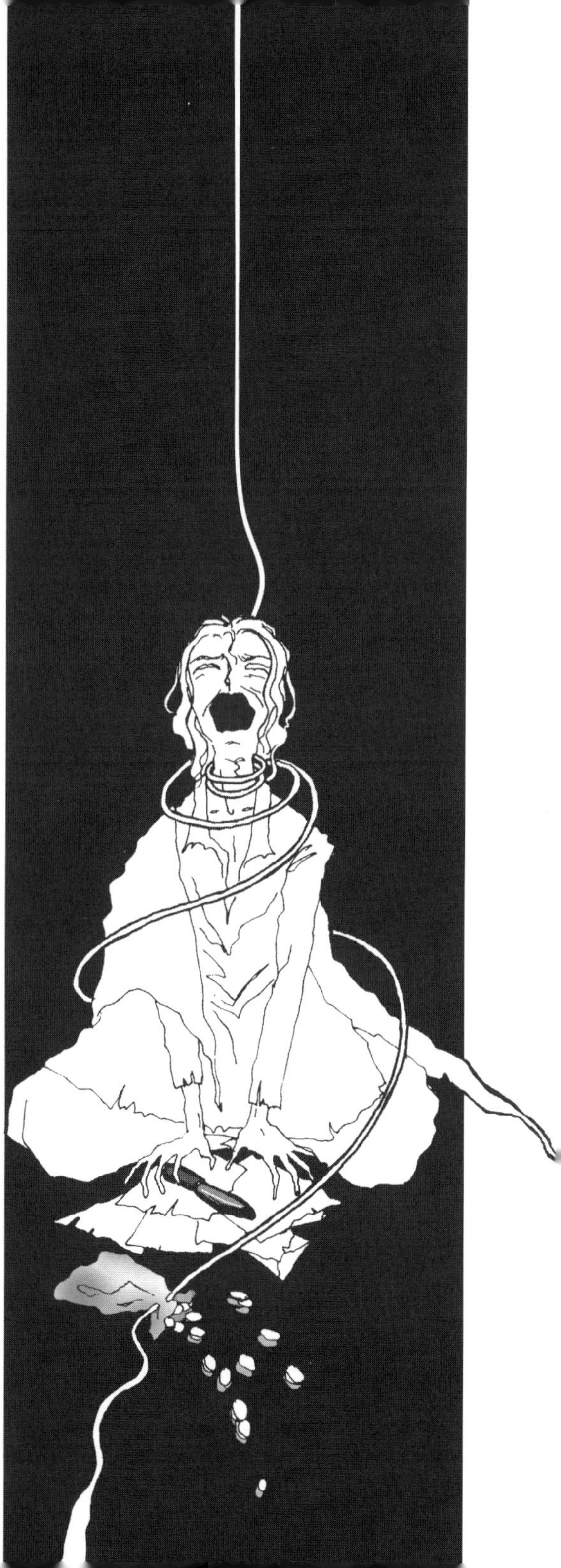

「厳しい時代は厳しい人を生む」この諺は、昔からしばしば血に染まったアイルランドの長い歴史の中で証明されてきた。恐らくロスコモンに住みついた女のなかで、途方もなく怖ろしい女の見本ともいえるレディ・ベティほど、この諺が当てはまる人物はいないだろう。だが、彼女はその町の生まれではない。過酷な運命に翻弄され、人に好かれない性格のせいで、この町に流れついたのである。

ケリー地方に生まれたベティは、キラーニー近くの裕福な百姓ミホール・スグルーと若くして結婚した。財産があったので二人の下僕を雇って、余暇を見いだすことができた。当時としては珍しく家には本が数冊あった。とはいえ、ケリーの人々にとってはさほど珍しいことでもなかった。現代の基準からすれば、乏しい蔵書ではあったが。余暇もなく好奇心旺盛な人も少ない時代に、好奇心があり暇をもてあましている人を誘うには、それで十分であった。寒く長い冬の夜に、頷きながら熱心に聴き入る人たちに、『アエネーイス』やホラティウスの『オード』から長い抜粋を読み聞かせることは、ベティの夫にとって最高の楽しみであった。彼らには、その意味が僅かしかわからなかったとしても、暖炉の明かりに照らされて、一人ひとりが昔の言葉の香気を味わっていた。十八世紀後半であり、外国の支配による悪政の暗黒時代に、少なくともケリーには、学問に対する尊敬の念があった。そしてそれら数冊の本が遠い遙かな世界へ導いてくれる手だてだとベティが考えるようになったのも不思議ではない。

最初の子どもを妊娠したとき、夫に読むのを教えてほしいと懇願した。ベティは女にしては学ぶ意欲に溢れていた。世継ぎが生まれることに有頂天になっていた夫は、大喜びで引き受けた。一日の農作業でどんなに疲れていようとも、夜ごと教師として妻に教える新しい仕事に取りかかった。

子どもが生まれる頃までには、優秀な古典の学び手になっていた。利発な生徒であったから、間もなく夫が教えることはほとんどなくなった。すでに夫と同じくらいの知識を得ていた。そこでやめておけばよかった。特別な行事のときに彼女が引き立つ優れた教養を身につけたところで。今では、家にはしなければならないことがたくさんあった。暇な時間を奪ってしまう幼い子どもの世話や家の男たちに食事を出したりしなければならなかった。二年で、もう二人子どもが生まれ、この時点でベティの読書の時間がなくなってしまった。しかし、質素だが心地よい単調な生活が続くケリーの百姓のおかみさんの座にしっかり収まっていた。

一七五〇年代のアイルランドは、身の安全が保障されている国ではなかった。地主かその代理人の気まぐれで、いつ道に放り出されるかわからない。妻や子どもたちの叫び声や嘆願にもかかわらず、道には家具が散乱している。そういう時代だった。だが、スグルー家の地主は、そのような地位の人にしては珍しく、人間愛に根ざした厳しい道義心の持ち主だった。彼が生きている間は、恐怖に駆られて震えている借地人はいなかった。生活の予測ができ、男たちは働いて妥当な借地料を払い、運命に半ば満足していた。

老地主の死とともに全てが一変した。アイルランドの小作農のことなど気にもかけない長男が跡を継いだ。新しい地主は、アイルランドの小作人の名前を発音する努力もしなかった。たとえその気があっても彼らの顔を見分けることすらできなかっただろう。めまぐるしく出される告知、命令、布告で、昔の安全な秩序は数週間のうちに掻き消されてしまった。今にも冷たい風が吹くかと百姓たちは震えた。

ミホール・スグルーが時代の流れが変わったとはじめて気づいたのは、十一月の朝早くであった。ブーツと乗馬用の鞭で頑丈な玄関の扉が殴打されたのだ。ミホールは慌てて扉を開けにいったが、言いようのない恐怖が素足を上ってきた。服を着かけたまま戸口に立ったとき、ふたりのむっつりした、まるで取り替え子のような醜いボダーハ[※1]が立ちはだかっていた。それぞれが重いブラックソーン[※2]で作った棍棒を握っていた。その後ろには、スグルーが今までに見たこともない男が、大きな黒い牡馬に乗っていた。その見知らぬ男は冷たく威嚇するようにまじまじと彼を見て、ついに喋った。財布の中から硬貨がカタカタと転がり出るような無機質な言葉が飛び出してきた。ケリーの人間じゃない。イングランド人でもない。スコットランド人だ。ミホールは直感的にそのことに気づき、震えた。地主たちが効率を求めて、大勢を入植させた新しい種族だ。

そのスコットランド人はぶっきらぼうに二言三言喋った。俺さまが新しい代理人だ。今から借地料は全て二倍になる。嘆願の余地はない。地代を払うか出ていくかだ。前の親切すぎる「地主さま」が満足して請求していた笑いたいくらい低額の借地料の三倍でも払おうと待ちかまえている小作が多勢いるのだ。新しい「地主さま」が都で楽しくやるために、手持ちの現金が不足しているのも当然だろう。

　代理人がなお脅してくるので、ミホールは戸口に茫然自失したまま立ちつくしていた。そのすぐ後、ベティが夫にそっと寄り添った。姿を隠してはいたが、彼女も耳障りな声に目を覚ましていたのだ。

「ミホール！　ミホール！」ベティは彼を揺すぶって麻痺状態から呼び覚ました。「中にお入りになって。死んじまいますよ」

「もうここには長くおられまい」夫が声をひそめて返事した。

「シーッ！　何のこと？　わけのわからないことを言ったりして」ベティが言った。「私たちを狼狽《うろた》えさせて、あの厚かましい恥知らず者。ここにこんなに長く住んでいるというのに。気にしなくていいわ」

　ミホールは、新しい代理人に会ったことで気が沈んだ。彼の予感は、十一月のゲールデイ[※3]に現実のものとなった。いつもの十ポンドの代わりに三十ポンドを要求されたのだ。怒って、途方もない金額は払えないと拒否した。すると、すぐさま代理人のマーチソンは、進んで四十ポンドの値をつけた者に農場を貸し与えた。その男が現金を持って現れるかどうかは関係なかった。そういうわけで、ミホール・スグルーは、その朝、もはや自分が金持ちの百姓ではなく、でくの坊でしかないことを思い知らされた。ベティは、夫が受けた屈辱を、彼より静かにではあるが、同じように痛切に受け取った。彼らは小さな痩せた土地を見つけたが、マーチソンは何故か彼らに目をつけていた。借地料が再び

※1　「ならず者、愚か者」の意のアイルランド語
※2　サンザシの一種であるリンボク。杖などにする堅い木
※3　領主への借地料や利子の定期支払い日。アイルランドでは、年に二回あった。

二倍になったので、ミホールたちは、その春ジャガイモ畑を耕すこともできなかった。

彼ら夫婦に何ができるのか。アメリカに渡るのが一筋の希望の光に見えたが、渡航料がない。当然移住することはなかった。彼らを運ぶ運命の潮が強く流れ、事態はさらに悪くなった。その年の三月には霜が一面に降り、命取りになるインフルエンザが流行った。医者に治療代を支払えるものにとっては嘆かわしく、財力が乏しいか全くない者にとっては致命的であった。スグルーの末っ子は、すぐに犠牲となった。今までの不運と重なって、子どもの死はミホールには耐えられなかった。気力を全てなくしてしまった。お願いだから妻や他の二人の子どものことを考えて、というベティの訴えも耳に届かなかった。嘆き悲しみ、薄い惨めな床に就き二週間も経たないうちに、創造主に会うために静かに去っていった。ベティは夫の死と惨めさに涙しながら神に助けを求めても、自分自身の哀れな声が木霊するだけであった。彼女はひたすら自分たちのことだけを考え始めた。そうしなければ、誰が自分と子どもたちを守ってくれるというのか。しかし、太ったマーチソンと子分のボダーハが地代を厳しく何度も取り立てに来たときには、力なく惨めにも、自分たちを守ることができなかった。地代を払うことができなかったから、今までしたこともないほどひれ伏して頼んだ。もう一週間、もう一日だけでも待ってください、と。だが、マーチソンは頑として聞かなかった。即刻支払うか、道に放り出されるかだ。選ぶことなどできなかったので仕方なく、彼女は生まれ故郷のケリーに背を向け、その地の地主とその代理人と彼らに属している者全員に、最もひどい「後家の呪い」をかけた。もし呪いの届く範囲内にきたら復讐すると誓った。道がどこに繋がっているかを、ほとんど気にもせず、彼女は歩き続けた。どこでもケリーよりはましにちがいない。

しかしながら、そうではなかった。リムリックを抜け、クレアに入ったときにも、彼らはもがき苦しんでいた。しかし、彼らに援助の手はさしのべられなかった。このようにひどく飢えた時代には、人々は自分のことだけで精一杯だった。疲れた骨を休めるように誘ってくれる場所もなかった。冷たい四月の夜にロッホリーの近くで、次男はひどい餓えによる嗜眠《しみん》に沈み込み、死んでしまった。それからというもの、ベティは日の光も暗闇も、起きているのか眠っているのかもわからない朦朧《もうろう》状態で生きていた。生き残った長男がそんな彼女の手をやみくもに引っ張り、ロスコモンの泥まみれの路地裏へと連れて行った。その年の五月のある日のことだった。

ベティたちがどのようにして命をつないだかわからない。また、気にかける人たちもいなかった。だが、何とか生きながらえた。あちらこちらの道に毎日あふれかえっている物乞いの群れに加わり、町の裕福な住人が投げ捨てる残飯を食べながら、不安定な生活が長引いた。その日暮らしの惨めな生活であった。明日のことなど思い及ばず、毎日苦しみもがいて暮らした。ふたりは、町の西側で泥濘《ぬかるみ》の多い道沿いの朽ち果て空き家になっている一部屋しかないボホーンで※、雨露をしのいだ。ふがふがと鼻を鳴らしながら歩き回る豚が住むにもふさわしくないほどの不潔な住まいであった。しかし、どんなにみすぼらしくても、道での日雇いの仕事から身を休める避難場所であった。息子のポードリックは辛抱強くこつこつとイグサを寄せ集めて屋根を繕った――屋根葺きといえる代物ではなかったが。実際、見知らぬ町での苦しみに満ちた最初の数週間、数ヶ月の間、息子の助けがなければ、ベティは窮乏に耐えられず、すぐさま夫の跡を追っていたことだろう。ポードリックが、日常社会への唯一の微弱な繋がり、絶望とさらには狂気への防壁となったのは間違いない。ベティには友達がなく、信頼する人もなく、ただ息子がいるだけだった。隣人を避けた。ケリーからの旅の途中で、無情に無視されたことへの反発だったかもしれない。だが不思議なことに、不満を漏らすのは長い夜の重荷を軽くする印刷物がないことだけだった。さらに、知識への渇望が重荷となり始め、過酷な運命に対する憤りが高まった。このような状況のもと、ベティは素晴らしい長所を持つ息子に、残っている愛情の全てを注いだのも無理はない。年月が経つにつれて、それはますます熱を帯びていった。

貧しくはあったが、ポードリックは機転がきいて、親しみやすく社交的な若者に育った。このような性格が街で生きていくのに大きな味方になった。ついに彼は使い走りの仕事を手に入れた。彼らの住んでいる小屋は、町にある駅

※「小屋、あばら屋」の意のアイルランド語

馬車の宿からほんの二、三百ヤードしか離れていなかった。そこに毎日出かけた。はじめは、泊まり客の旅人から施しを得るために。泊まり客は皆、比類がないほどの金持ちに見えた。そのうちに、客の話をよく聞いて、声をかけたりした。時々、客が楽しんでいる間、馬の世話をするように頼まれたりした。勤勉に仕事をするものだから宿屋の主人の目に留まり、使い走りとして雇われ、僅かな手当を貰った。その他に、彼の仕事に満足した客から常に報酬があった。骨折って働き、二分の一ペニー、四分の一ペニーの小銭を掻き集め、ほぼ一年後、母親に初めての贈り物である本を買うことができた。古い本でぼろぼろで、黄色く褪せたページは黴《かび》でしみだらけになってもいた。しかし、過去の闇の中に全てが消え失せてしまったのではない証拠だった。二人とも気づかなかったが、それはきわめて重要な贈り物になったのである。

ベティは戸惑いながら驚きの気持ちで本に触れ、開くのが恐いとさえ思った。しかし、ポードリックに促されページをめくり始めた。そうしているうちに、長い間与えられなかった読書という欲求が目覚め始めた。声に出して戸惑いながら読み出すと、やがて、読む力が少しも衰えていないことがわかった。身分が高いと自称している多くの人にもできないことを、この哀れな女、母親がやってのけていることにポードリックは驚嘆した。誇りに思い、母親が読んでいる間、耳を傾けた。それは、キリスト教の説話集であった。神の試練を与えられている人々に楽園を約束する言葉に聞き入った。この不完全な地上のものではない楽園を。ポードリックは、何もわからないうちに説話集の小冊子を一冊買ったのだった。しかし、それでよかった。なぐり書きの小さな古本の黴くさいページから命が吹き込まれるのを聞いたからには、彼もまた読むのを覚えようと決めた。他のことでは人生の敗残者であったベティは、息子に教えることができるのを大層喜んだ。その時から毎晩、獣脂の燈心草ろうそくが揺らめく微光のなかで、神に見放されたこの町の隣人にも他の誰にも気づかれずに、勉強は続いた。夫から妻へ、母から息子へ、このようにして歴史は繰り返すのだ。

間もなくポードリックが一人で読めるようになったので、ベティは大いに喜んだ。何かが変化するのではないか、好転するのではないかという希望の灯がベティの心に再び点った。今では、彼は宿屋の壁に貼ってある掲示物を読めるようになった。広告、オークションのポスターなどなど。彼は、字の読めない仕事仲間に、印刷物を読んでやった。宿屋の主人でさえ、時には彼に相談した。というのも、読むことができるとともに、美しい筆跡で文字も書き始めていたからだった。

この新しく開花した言葉の力は、ポードリックにもベティにも喜びを与えてくれたが、また別の問題も生まれた。世間のありようにたいする不平不満の火をポードリックの心に燃やしたのだ。彼は母親に尋ねた。このように人の慈善を当てにして、なぜ暮らさなくてはならないのか。自分より賢くもなく、働く意欲もないのに、わけもなく金持ちの人たちがいるのはどういうことだ。何年も前、マーチソンに放り出されたとき同様に、今もベティには答えられなかった。ポードリックは自分で結論を出した。一番強く思うことは、「金」だった。金というのは結構な暮らしをしている司祭たちが好き好んで言う悪の根元であるどころか、貧乏からの解放であるのだ。それこそ自分たちが望んでいることだ。だが、どこで手に入れるのだ。ロスコモンでは見込みがない。ここ以外の場所も同じように見込みがないことを、国中を放浪してきた人々から充分聞かされていた。アイルランドではどこに行こうとも駄目だろう。

ポードリックは感傷的な人間ではなかったので、移住しなければならないと自覚していた。それもアメリカへ。イギリスへ行くのは意味がない。そこでは、貧乏人はアイルランドよりひどく困窮していた。暗い製粉場か、あるいは薄暗い工場に詰め込まれ、身体をこわして投げ捨てられるまでの短い間をあくせく働いて過ごしているのだ。隣人のなかには、息子や娘がアメリカから送ってくるものだけで生活している人たちがいるのを彼は知っていた。自分のために全てを与えてくれた母親に、同じことをしようと決心した。

でも、母さんは耳を貸さないだろう。唯一心を慰めてくれるものを失うなら死んだ方がましだと考えるだろう。僕が行ってしまったら、母さんは死んでしまう。ポードリックはしばらくの間、移住については話せなかったが、いつも心から離れなかった。彼には甘い夢であったが、母親には辛い悪夢でしかなかった。

十八歳になると、以前にもまして彼は確固とした考えを持つようになった。毎週、友人や知人が去っていった。奴隷のような労働だけを要求する国から離れたかったのだ。ポードリックは落ち着かなかった。行かなくては、と母親に話した。もし自分がアメリカにいさえすれば掴み取れるものを、他の人たちが掴み去っていくのだ。それでも母親は頑として聞き入れなかった。ふたりの間に、はじめて溝ができた。表面上は以前と同じく親孝行だったが、ポードリックは、希望や恐れを悉《ことごと》く母親に打ち明けてはいけないと肌で感じていた。

親子の断絶は一七七五年四月にやってきた。大事件[※1]が大西洋の向こう側の植民地を揺るがしていた年である。ポードリックの親友が、今こそチャンス到来とばかり国を去る決心をしたのだ。この機会を逃したらアイルランドで朽ち果ててしまうだろう。その言葉に火を点けられて、ポードリックは今一度母親に状況をあるがままに説明しようとした。だが、息子の必死の訴えに耳を貸そうとしなかった。独り身の哀れな未亡人が、息子なしでどうやって世間を渡っていけるというのだ。

今回ばかりは、母親は息子を思い留まらせることはできなかった。その夜、わずかな持ち物を束ね、ポードリックはダブリン・ロードで友人に加わった。夜明けまでには、ロスコモンの町から何マイルも離れていた。暁の光とともにベティはいつものように起き出して、息子のためにポリッジ[※2]を用意した。宿の仕事に出かける前、彼が食べる唯一の食事であった。すぐにポードリックがいないことに気づいた。頭の隅を微かに恐怖が掠めたが、いつものように家事をした。行ってしまったのだ、息子は。疑いの余地はなかった。ベティに最悪の事態が訪れたことは、やがて誰の目にも明らかになった。

取り乱して家から飛び出し、戸口から戸口へと息せき切って尋ねまわった。人々は仰天した。というのも、長い間「陰の女《ひと》」と呼ばれていた彼女が、今までに一度も、家までやってくるどころか挨拶もしたことなどなかったからだ。気が触れたみたいに、あちこち彼女が走り回っているのを、人々は少し距離を置き、半ば同情して見ていた。その異様な振る舞いを面白がって、人が集まってきた。彼女は、今ではものすごい勢いで走り回りながら、ぶつぶつ独り言を言っていた。まるで自分だけにしか見えない人と言い争っているようだった。間もなく年長の男の子たちが、からかったり、馬鹿にして真似をしだしたりした。親が止めないのをいいことに、他の子どもたちも加わった。そのうちに石を投げつけられて、ベティは取り乱し、一目散にあばら家に逃げ帰った。彼らは、ヤーヤーはやしたてながらベティを追いかけ回した。それでも大方は無邪気な子どもであり、この退屈な一日に降って沸いた気晴らしを楽しんでいた。

彼女はドアをピシャリと閉め、閂《かんぬき》をかけ、しばらくの間は恐怖で蹲《うずくま》っていた。がらくたや石や馬の糞などがドアに当たって鈍い音を立てた。やがて子どもたちの野次も鎮まり、両親は再び子どもたちに対して手綱を引き締めた。人だかりは次第に消え、身に迫る危険から解放されたベティは、怒り、困惑、非難、絶望という険しい絶壁へと続く坂を徐々に滑り落ち始めた。人々は、その小さな小屋に詮索好きな眼を向けていたが、数週間彼女の姿を見た人はいなかった。死んだという噂が流れた。実際、死んだも同然であった。

ポードリックのいない最初の数時間、そして数日間は、ベティにとっては、何年も前はじめてロスコモンにやってきた辛い時期よりさらに辛かった。衝動的に、このような理不尽な世界と決別したいと思った。けれども、心の中に何かがあったので、そうできなかった。それは自分にさえ挑みかかる何か硬いものであった。彼女は、夜の生き物のような生活を始めた。真夜中に這い出してきては、生きていくために最低限のものを掻き集めた。煙突から立ち上る一筋の煙が、彼女が生きているという唯一の証だった。人々は怪しんだ。何を燃やしているのだろう。燃料をどこで手に入れたのだろう。疑惑が深まった。彼女は悪魔と手を結び、透明になる術も身につけたのではないか。疑いようがないではないか。全てが明らかだ。とにかく皆はそう思った。もはや構おうとする者はいなかった。触らぬ神にたたりなしだ。もし宿屋の主人に訊くだけの機転があれば、安心できただろうに。少なくとも食事に関しては。それは、

※1　アメリカの独立戦争の始まり
※2　オートミールなどを水か牛乳で煮詰めたかゆ

ポードリックの働きぶりに対する宿屋の主人の心配りであった。人目につかないように母親の面倒を見ようと宿屋の主人は決めたのだ。

このようにして、ベティはもう一つの危機的状況を傷だらけになりながら乗り切った。彼女の性格を以前よりさらに打ち砕く危機であった。この苦い経験がベティを険しくした。日毎に人格が辛辣さを増した。さらにひどいことに、ますます人間らしさを失い、泣くことをやめてしまったベティは、周囲から忘れられた存在になっていた。ベティは、長い間狭い台所で全ての物、全ての人を呪いながら過ごした。神を呪い、ポードリックを呪い、自分自身までをも呪った。そうすると、心が軽くなり、狂人のようにけらけら笑った。失うものを何も持たない人間の軽さであった。

惨めさと苦しみの淵から救い上げる手もなく、月日は流れた。ポードリックがケリーからの旅の途中で弟とともに亡くなっていたらよかったのに！　何度も何度もそう思った。母親らしく悲しむことができたなら、せめてもの慰めであったろうに。だが、このように見捨てられるとは！　そのことを考えると気が狂ってしまいそうだった。敢えて考えないようにした。

そんなある日のことであった。見知らぬ人の手によって便りが届いたのは。息子が裏切り、こっそり抜け出してから一年以上経っていた。ベティはそれをもぎ取ると、中身がぎっしりと詰まっていることに驚いた。手紙か。誰からか。どこからか。彼女の知識が好奇心に答えてくれた。一目で手書きの文字が誰のものであるかがわかった。破った封から覗いたのは誰の目にも明らかな銀行紙幣だった。アメリカ紙幣か、イギリス紙幣か、フランス紙幣か。金を持たない者にはわからなかった。何か言おうとしたが、言葉にならなかった。ああ、あの哀れな子を恨むなんて、残酷で思いやりのないひどいことをしたものだ！　手紙を貪り読んだ。その手紙には――リバプールで数ヶ月働き、渡航代金を貯めるために、ひどい暮らしをし、食べ物も倹約していたこと。ついにニューヨークへ出帆したこと。街が英国軍の支配下にあったこと。新しい土地に足が着いたとたんに、数百人の他の者とともに、英国王の新兵補充隊にかっさらわれたこと。しかし、イギリスが特権を握っている国から逃げてきたのだから、新しく見つけた安息の地で、同じ特権を守る手助けをするなんて、糞食らえと思ったこと。最初のチャンスを見つけて、軍から脱走し、武器を取り、その土地で反乱を起こした民兵に加わったこと。それから、生きるか死ぬかの戦いで、大陸軍の軍隊に入ったこと。一度だけあの偉大なお方、ワシントン将軍その人にも会ったこと。神のご加護で命があれば、次に手紙を書くときには、大事件※を報告できるだろう。イギリス軍と間もなく交戦するだろうという噂が流れているから——そのようなことが書いてあった。

ベティの手が震えた。震えを止めるために手紙を抱きしめた。暖炉にもたれかかり、目を閉じると、様々な思いや感情が走馬灯のように浮かんだ。息子は生きていた。生きているのだ！ 他のことなど問題ではない。ポードリックが生きている！ 誰がそんなことを夢見ただろうか。こんなに時間が経っているのに。夢が叶ったので、数ヶ月間は手紙が来るたびに繰り返し読んでは、喜びに浮かれた。全部で五通届いた。それぞれの手紙が理解もできない場所や出来事を伝えてきた。パオリ、フォージ峡谷など。ベティにとって大事なのは、息子が生きていて、自分のことを思ってくれているということだけだった。

ヨークタウンの戦いについての知らせが届いた。この手紙は、他の手紙とは違っていた。激しい喜び、勝利に加勢した新しい祖国アメリカに対する誇りが書かれていた。そこで、ベティははたと考えた。アイルランドは彼にとってもはや祖国ではないという意味なのだろうか。つまり、息子には再び会えないということなのだろうか。いつものように銀行紙幣が同封されていたが、それには目もくれず、テーブルの上に置いたままだった。読み進むにつれ、意味を悟り、胸を突かれた。冷たい刃が血を凍らせるのを感じた。どんなに努力してもその考えをぬぐい去ることができなかった。気が狂ったように、彼が戻ってくるように祈ったが、その祈りが叶わないことは火を見るより明らかだった。報酬の代わりに与えられる土地を自分のものとするために、西へ、荒野へ向かうと書いてあった。母への思いや

※　一七八一年のヨークタウンの戦いにより、アメリカの独立戦争の終結に繋がった。

りから、彼はそこがどういう土地であるかを知らせなかった。そこは道のない森で、先住民が暮らし、白人が旅したことのない土地であった。恐らく彼自身もその危険を充分にはわかっていなかったのであろう。とにかく手紙を書けるようになったらすぐに書く、とあった。

胸騒ぎがして、ベティはその手紙を他のものと一緒に目に触れない所にしまい込んだ。できることはただ一つ、ひたすら待つことだった。六ヶ月が過ぎた。一年、そして二年が過ぎていった。便りはなかった。その間に、彼女は目立って老け込んだ。皺ができ、白髪になった。しかし、これは捉えがたく遥かに微妙な変化の中では、目に見える変化に過ぎなかった。今ではもう、神に喧嘩を売ることをやめ、息子を呪うこともやめた。長く待ち続けたせいで、ついに彼女はこのように思いこむまでになった。心が高く舞い上がった分だけ容赦なく絶望の淵に突き落とされてしまったのだ。きっと自分を苦しめるためだけに、束の間ポードリックを与えられたのだ、と。

四年が経った。耳を聾《ろう》するばかりの沈黙がベティを支配した。希望は潰《つい》えてしまった。大した怒りのほとばしりはなく、ただ頭を垂れ、眼には疲労の色が濃く、生気がなくなった。再び重い足取りで歩いたが、それも気にならなかった。人がいることなど意識もしなかった。「度を越した夢」に狂った不幸そのものが歩き回っていた。

また冬が忍び寄ってきた。迎える準備はほとんどできていなかった。ポードリックが送ってよこした金は底をついて久しい。一ペニーたりとも無駄には使っていなかったけれども。同様に差し迫った問題は屋根の葺き替えだった。今ではもう萱を刈り取り、屋根を葺き直す力強い男手はなかった。降りしきる雨が傷んだ場所から灰色の雫となってポタッポタッと漏れ落ちてくるのを恐れた。その場所を間に合わせに襤褸《ぼろ》切れや草で塞いではいたが。

十一月になった。暗い季節が最初の牙を剥いた。嵐が吹き荒れそうな日であった。天気の兆しを読みとれる人たちは「屋根や小屋を吹き飛ばすような嵐」になるだろうと予言した。その予言は的中した。その晩は、早くから暗くなり風が吹き出した。風は、はじめのうちは躊躇《ためら》いがちに手探りで道を辿って吹いているようであったが、やがてビョービョーと唸り声を発し、甲高い叫び声になった。飛び交っているものに当たるといけないので、十時ともなれば外に出ていく者はいなかった。眠れる者は眠った。眠れない者は暖炉の傍に集まって、朝になっても頭の上に屋根があるようにと祈った。ベティの場合は最悪だった。そのような夜に独りでいることは、獰猛《どうもう》な獣でさえも耐えがたい定めであった。垂木が震えギシギシ軋《きし》るのを独りぼっちで聞いた。暗がりの中、恐怖で膝の上に置いた拳を握りしめ、寿命を迎えた屋根が吹き飛ばされるのをただ待つばかりであった。

真夜中頃、風が緩むと、おきまりのごとく雨が降り出した。ワタリガラスのような漆黒の空から一面を覆い尽くす滝のような雨が降った。雨は暖炉の燃えさしに降り注ぎ、シュシュと音を立てた。そのうちに激しく降り落ちてきた。たちまち、屋根から雨漏りが土間に滴り落ち始めた。止めようとしても無駄なことだとわかっていたので、彼女は惨めな気持ちで見つめていた。というより、耳を傾けていた。藁《わら》のベッドの上に粗麻布の切れ端と板を置いて、これ以上ベッドが濡れないようにと願った。ただそれだけだった。

じっと見つめていて疲れたせいか、煤《すす》で汚れた雨滴が規則正しく単調に落ちてくるせいか、理由は何であれ、うとうとした。突然大きなガタガタする音がした。飛び起きると、最初に頭を掠めたのは屋根だった。霞んだ目で、屋根はまだ無事なことを確かめた。闇の中から、床にたまった水に雨滴がポタッポタッと落ちている音が再び聞こえた。溜息をついた。寝たほうがいい。見つめていても仕方ない。だが、二歩も進まないうちに、ドアを何度も強く叩く音がした。起こされたのと同じ音だ。ぞっとした。こんな夜分に一体誰だろう。しかもこんな雨の夜に！　放っておこう。また激しく叩く音と共に、かすかに声も聞こえた。

「おーい、誰かいるか。お願いだから返事してくれ！」

ドアに近づくことはしないで、ようやく嗄れ声を出した。「どなたですか。誰なのですか」

「お願いだから、ドアを開けて、私を中に入れてください。外は無情な雨だ」

その声の中にある何か――多分祈りみたいなもの――で、この人は行き暮れた旅人だとベティは確信した。「私には関係ないわ。この藁葺き屋根も他のことだって手伝ってくれた人などいないんだから」彼女は考えた。

再び声がした。明らかに顔をドアに押しつけているのだろう。「私をここで凍え死にさせるのですか。開けて、私を中に入れてください。お願いです」それからこう言った。「損はさせませんよ」

ベティは手を伸ばし、暖炉の中から燃えさしの一本を取り、息を吹きかけて灯にした。思い切ってドアの方へ素早く動いていった。何を失うことがあろう。命か。それすらたいして重要ではない。閂を上げると、たちまちドアが勢いよく開き、バランスを崩して倒れそうになった。その時、揺れる炎にかすかに照らされ、入ってきた男を見た。背が高く、顔色が悪く、顎髭を生やしていたが、ずぶ濡れになっていたから怖がる気も起こらなかった。手袋をはめた一方の手で後ろに何かを持ち、もう一方の手で、着ている黒く重いコートをしっかりと掴んでいた。武器を隠しているかもしれない、と一瞬頭を掠めたが、外の暗闇から太く低い唸り声が聞こえたので、その考えはすぐに消えた。この男の馬だった。夜そのものと同じくらい黒く、明らかに主人と同じくらい居心地が悪そうだった。

止める間もなく、男は大きな動物を小さな台所に引っ張り込もうとして、入り口で頭を下げさせていた。

「不躾はお許しください」彼は微笑んで言った。「あとで説明します。でもまず、この凄まじい天気を締め出しましょう」

彼女はその図々しさに呆れた。ちょっと前には頼み込んでいたのに、今では家を占領している。「あの、あなたはどなたで、何の……？」

彼が指をパチンと鳴らしたので、彼女は質問の途中で黙ってしまった。彼はあちこちじろじろ見ては、薄明かりでわかるだけの状況を呑み込もうとしていた。

「少しの間でも落ち着きたいのです。それだけです」そう言って、手綱を馬の鞍の上に置いた。動物は、まるでこの状況を敏感に感じ取っているかのように立っていた。

男は手こずりながら水の染みこんだ手袋を手からはがし始めた。それから、凍てついた指がまだ動くことに満足して、襟のカラーをはずし肩を竦《すく》めて重いオーバーコートを脱ぎ、そのコートを置く場所を探して、あちこち見回した。

ベティは、はじめて手助けしようとして、我知らず手を伸ばした。その申し出を男は断らなかった。微笑みながら勢いよくベティの傍を抜け、両手を激しく揉みながら暖炉の傍へ行った。

「犬にも耐えられない夜ですよ」彼はおどけて言った。「いいですか」ほとんど嘲《あざけ》るようにつけ加えた。「ロスコモンまで三時間と、ここの人たちは言ったんですよ。王の早馬でさえ、そんな時間では無理です。ましてや、こんな泥沼の道では……！　私があの人たちの言葉を信じていたら、今夜ここに来ることさえできやしませんよ」

この男は一体何者だろう。こんなにせっかちで。こんなに……こんなに異国の人みたいで。言葉の訛りだって、絶対にアイルランド人じゃない。それともイギリス人か。少なくとも宿屋に泊まった上品な金持ちが話すのをときたま聞いた訛りでは、イギリス人でもなさそうだ。しかも、この男にはどこか心を乱されるものがある。それがはっきりしているので、わざわざ聞くことができなかった。喋らせておく方がいい。しばらくしたら、きっと話してくれるだろう。品の良いこの男がなぜここにいるのか。こんな夜に、こともあろうにこの惨めな家を選んだのかを。

そのようにして数分経った。だが、説明はなかった。男はただそこに座って、まじまじと彼女を観ていた。彼女が見返すと、すぐに視線を避けた。外では雨が降り続いていた。暖炉の火が消え、台所は寒くなっていた。それでも彼は出て行くそぶりも見せず、何も言わなかった。ついに眠気に負けそうになったベティは、ふらふらしながら、今まで敢えてしなかった質問をせざるをえなかった。

「お尋ねするのは失礼ですが、この寒い台所で一晩お過ごしになるつもりですか」

「そうです」彼は率直に答えた。「もしご親切に甘えていいんなら」

「でも、ここは私のような貧しい者の家です。あなたのような殿方をお泊めするような所ではありません。夜も更けましたが、あなたがお泊まりになることができる心地よい家もまだあるに違いありません。道を上った所に宿屋が、今……」

「満室だったんです」彼は答えた。「気にしないでください。若い頃には、ここよりひどい所に泊まったことがあるんです。本当です。私がほしいのは、一口の食べ物と身体を横たえる場所だけなんです。そうすれば生きている限り、ご恩を忘れません」

無頓着に欲しいものを口に出すことに、ベティは閉口した。金持ちだ。私にはどうでもいいこと。単に寝たり、食べたりするものがないということがどういうことか、わかっていないのだ。答える声は自分で思ったより厳しかった。

「この家には夕食はありません。ないものは、あげられません！」

彼は背中を真っ直ぐにして、顔に奇妙な表情を浮かべ、ベティを穴のあくほど見つめた。言い過ぎた。今にも殴りつけてくる、と彼女は思った。しかし、そうではなかった。はっとしたように、一言言っただけだった。「食事がないって？」さらに何かを言おうとしたが、気を取り直し、オーバーコートに手を伸ばした。内側のポケットから、嵩だかい巾着を取り出し、慎重に革ひもを解き、躊躇いがちに言った。

「私たち皆が充分食べるには、どのくらい必要だろうか」彼は優しく尋ねた。

彼女は肩を竦めた。「充分」とはどういう意味だろう。彼は黙ったままだった。

「一シリングあれば充分でしょう」彼女は急いで答えた。

「三人分、と言っているんですよ。一シリングでは、そこにいる哀れな動物の分もありませんよ。さあ！」

彼は巾着から金貨を取り出した。「これで、今必要な物はまかなえるでしょう。それをどこで買えばいいか、よくご存じですよね」

ベティは、不承不承一ポンド金貨を受け取って、お辞儀をして、手の中の幸運をしばらく眺めていた。それから、あたふたとショールをぴったり身体に巻きつけ、閂を上げ、夜の闇の中に消えていった。客人は、しばらくくつろいでいた。

ベティが二人のための食料と馬のための飼い葉を持って、四十分足らずで戻ってきたとき、彼は明らかに仰天したようであった。彼女が小径や通りの隅々まで知っていることを、この男にわかるはずがない。ポードリックが去ってから長い年月の間、眠れぬ夜の苦しみと孤独に苛《さいな》まれながら、夜通しあちこち這うように道を歩き回っていたのだ。

彼女も同じように驚いた。暖炉に再び火が赤々と燃えている。どこから燃料を持ってきたのだろう。僅かながらの家具を壊したのではない。化粧台もテーブルもスツールもそのままそこにあるから。

「どこで木切れを見つけてきたのですか」

背の高い客人は、そんな些細なことにはただ手を振り払い、こう言うだけだった。「私が今まで行った先々では、急いで火を燃やすことが必要だったんです。暗がりで長い間独りで座っているのは、決して安全ではありませんから」

その言葉を理解したかどうかは別にして、彼女は食事の準備をしながら思いを巡らした。やがて、彼らは黙々と食事をした。彼女はその夜の出来事にぼーっとなって喋ることもできなかった。一方、彼はどういうわけか深刻になって、何か大きな決意をして、考え込んでいるようであった。壁を背にし、両手でチョッキを掴み、時々放心したように口髭を撫で、ただ座ったままで一言も話さなかった。ついに彼女は片づけるために席を立った。

まるで呪文が解けたかのようであった。彼は立ち上がり、突然意を決して、率直に彼女に尋ねた。「私が寝るベッドはありますか。今日ずいぶんと旅をしました。睡眠不足で、気を失いそうです」

雨漏り防止の麻布をかけた自分用の藁のマットレスしかないことが、彼女にはよくわかっていた。まだ乾いていてほしいと思った。このような紳士は、ベッドが湿気ていたり濡れていたりしたら、どう思うだろう。

「あの……」彼女は口ごもった。「どこか他をお探しになった方がいいです。私の貧しい家には、ほとんど……」

男は、丁寧ではあるがしっかりと彼女の言葉を遮《さえぎ》った。「おかみさん、優しいですね。でも、今夜これ以上旅をしたくありません。どんな場所でもいいんですから」

彼女は、説得することが無理だとわかって諦め、身振りで部屋を示した。「あちらのベッドを使ってください。私はここ暖炉の傍で何とかしますから。独りであれこれ考えながら、とにかく夜はここで過ごします」

彼は上目遣いに一瞥したが、何も言わなかった。ベティは部屋に行って、擦り切れた毛布をベッドの上に無造作に投げて、とにかく体面を繕おうとした。

一言お休みの挨拶だけをして、彼は引き下がった。彼女が暖炉の傍の椅子に腰掛けたのを見て、彼が申し訳ない顔をしたのに気づいても、彼女は知らん振りをした。薄暗がりの中で彼が最後にちらっと見たのは、年より老け、鉄灰色の髪をした、横顔が厳しい中年の女であった。彼は顔を背けて部屋を出ていった。思いを振り払いながら、眠ることだけを考えようとしているようだった。

暖炉の傍で、ベティは休むことができなかった。しばしばうつろな眼を寝室のドアの方へ向けた。何も見えない。耳を凝らしても何の音も聞こえなかった。それでうとうとした。椅子に座っている居心地の悪さからまもなく目が覚めた。呻くような声を出して立ち上がり、腰に手を当てて、背筋を伸ばした。狭い台所を歩き始めた。当然のことながら、寝室のドアの所まで来た。立ちどまり、耳を澄ました。規則正しい寝息以外に音はなかった。

溜息をついて、硬い椅子に戻った。しかし、もう眠くはなかった。その代わりに、動物的な警戒心から神経を尖らせていた。不意に、彼がいとも軽々と金貨を取り出した巾着のことを思い出したのだ。今夜彼女に扉を開いてくれた金貨。以前は無情にも彼女の願いを木霊しただけの扉。しんしんと静まりかえった時刻に、暗闇から光が差すように違う生活が目の前に開けた。現在のむさ苦しい生活から抜け出せる！　全ては……全てはあの巾着の中にある。ほんの一瞬でも見ることができれば、その暖かさを手にとって触れることができれば、幸運が向いてくれるかもしれない。きっと生活に新たな希望が湧いてくることだろう。忍び足で男のコートが置いてある傍まで進み、折り畳んであるコートに手を突っ込んだ。雨に濡れたせいで、コートはひんやりと湿っぽかった。手を触れると、嵩だかい紙の束がかすかに音を立てたが、それには目もくれなかった。目当てのものをすでに握っていた。やっとそれを引っ張り出すと、中身がチャリンと優しい音をたてた。小声で運命を呪った。しなやかな皮の巾着を片手で軽く叩き、寝室のドアをちらっと見ながら。男が動く気配はなかった。自分の椅子までそっと戻り、暖炉の火の方を向いた。指は震えもせず、ぐらつきもせず革ひもを解いた。これこそが自分を黄金の未来から隔てているものだった。

中身は満足のいくものだった。金貨は瞬きをしない優しい眼のように心地よく闇の中に埋もれ、静かに手招きしていた。息を凝らして、彼女は金貨を撫でた。ざっと見て、少なくとも四十枚はあるに違いない。四十枚の金貨！以前にこれほどの財産を手にしたことはなかった。そう考えるだけで心がざわめいた。こんな小さな空間に収まって……。これだけで十分、いや十分すぎる。マーチソンとその部下たちを窮地に陥れるのには。この魔法のお金が全部あれば、夫は死ななくてすんだのに。長旅で子どもも死なずにすんだのに。ポードリックも決して海を渡ることはなかっただろうに。指先にある金貨を夢中になって眺めているうちに、そのような思いが、金貨を日常的なレベルから引き上げ、それに不思議な超自然の力を与える気がした。このお金があれば、惨めったらしいこの街を去り、再び人間としての威厳を取り戻せる。アメリカに渡り、ポードリックを探すことだってできる。お金がなければ、貧窮を極めた生活と救貧院の敷地内の墓地で名もない墓になるのが、せいぜい自分の運命だろう。このようなチャンスは人生に一度だけ訪れる。これを逃したら、一生後悔する。そのようなことをポードリックも言っていたではないか。

　ベティは振り返って、向こうの部屋のドアをちらっと見た。狂った想像の後から欲望の論理が追いかけてきた。歯を食いしばって、凝視した。頭の中ではっきり考えがまとまる前に、どうすべきかはわかっていた。この男は死ななくてはならない。この見知らぬ男が、どうして彼女の夢を妨げる権利があろうか。暗がりで揺れ動く思いの中で、人情のつぼみを、特にあの哀れみという微妙に育っていく感情を、黒い影が支配した。彼女は立ち上がり、巾着を下に置き、ただ一つ持っている鋭い刃のナイフを化粧台からゆっくりと取り出した。

　まるで恍惚状態にあるかのように、手が心の命じるままに裏切り行為をやってのけていた。その間、彼女は超然としてそれを傍観していた。手が素早く仕事を終えるのを驚嘆して眺めていた。

　はっと理性を取り戻しかけた瞬間、彼女は再び暖炉の傍にいて、手には今や自分のものとなった巾着があった。もう一方の手はまだしっかりとナイフを握っていた。血が醜く刃を伝って流れていた。顔は象牙の仮面のように強ばって、外からの刺激に反応しなかった。男が急に吸い込んだ息、ナイフを胸に突き刺されたときの哀れな苦しみの声、もがいて起きあがろうとし、二回、三回と突き刺してくる刃を撃退しようと必死に手足をばたつかせていたさまにべティの記憶が戻るときだけ、象牙の仮面に命がよみがえり、指が震えるのだった。彼女はふらつき、急な痙攣《けいれん》を振り払うかのように、頭を激しく左右に振った。その時はじめて自分の持っている武器に気づいたようだった。はっとして手から払いのけ、後ずさりしてぽかんと口を開け、その場の怖ろしさから叩きだしてほしいかのように後ろ手で壁を叩いた。朝の光がむさ苦しい部屋を探り始めていた。犠牲者の顔が苦痛に歪み、非情な光の中でショックを受けた瞳が霞んでいくのを、恐らく彼女は再び見ただろう。湿った藁に身震いしながら倒れたとき、男は何か言おうとしたが、声にはならなかった。最後に目を閉じたときにもまだ唇が動いていた。

急に物憂さを感じて、ほれぼれとする不吉な巾着の傍に座り込んだ。その巾着がベティを待っていた。ついに金持ちになったのだ！　しかし、なぜか嬉しさはこみあげてこなかった。胸の奥深くに根ざしている何かに呼ばれるように、わけもなく、彼女の思いは、恐怖にひきつった男の目に絶えず引き寄せられるのであった。誰の息子なのだろうか。母親も妻も二度と再び彼を迎えることはないし、髭の顔にキスすることもない。そう思うと不安に駆られた。しでかしたことに対してではなく、病的な好奇心からだった。一体誰なのだ。

あの何枚もの紙が……謎を解く鍵になるかもしれない。それを読んだら、はっきりわかるかもしれない。あとで、遺体を、勿論馬もだが、片づける算段をしよう。ほんの少しの暗がりでも何とかなるだろう。暗闇はかつての友であり再び友となるだろう。

ベティは元気を取り戻した。ぞっとするほど楽天的になって、重いコートから紙の束を振り落とし、窓の近くに持っていき、窓枠の上にばらばらと置いた。数枚は新聞からの切り抜きだった。簡単に読めるので、最初にざっと目を通した。だが、いったい何なのだ。もし間違っていなければ、あちこちで財産を築いたあるアイルランド人の冒険物語だった。だが、どこで？　書かれている町の名前には何の意味もなかった。ばらばらになっているものを払いのけ、手書きの手紙を調べようとしたとき、ある一行が彼女を釘づけにした。そこには、「ポードリック・スグルー」という文字があった。数回その箇所を読み直したが、やみくもに不安が募るばかりであった。言うに言われぬ差し迫った思いが指に拍車をかけ、ベティは他の手紙も調べ始めた。最初の一行か二行読んだとたんに、鳥肌が立ち、心臓は高鳴り始めた。

いや、そんなことはない！　断じてない！　ない！　灰色の襤褸布のような日の光を遮るために、また決して隠すことができないことを隠すために、眼を固く閉じた。ポードリックから来た手紙と全く同じ筆跡だった。何度も何度も読み返していたので、文字のひねりの癖も全てわかっていた。身体を前後に激しく揺すりながら、早口で祈りの文句を唱え、こめかみに掌を押しつけた。ゆっくりとした地獄の太鼓の響きに合わせて、こめかみは雷のように鳴り始めていた。激しく、さらに激しく！　それは「最後の審判」の響きであった。喉がひりひりと締めつけられ、声にならない恐怖の叫び声をあげながら、息子が横たわっている部屋のドアに倒れ込んだ。

朝も半ばを過ぎた頃、彼女が黒い馬を戸口から引っ張り出しているのを見て、隣人たちは不幸な出来事にうすうす感づき始めた。自分たちの住んでいる路地に、そのような立派な馬がいるとは。悪意があるわけではないが、難癖をつけられて当たり前だった。

「馬を手に入れるのに、誰をやっちまったんだい、ベティ」

ベティはぶるぶる震えながら、はたと立ちどまった。彼女が振り向いて男を見たとき、身の毛のよだつようなその目つきから、嘲った男には知りたい以上のことがわかった。もし彼がゾンビを見たことがあるとしたら、それこそまさしくこの二つの目だった。男は縮こまり、恐れて顔を背けた。ベティは怖い顔をして一歩一歩追いかけ、殺さんぞとばかりに両手を握りしめて、枯れ枝のように痩せこけた腕を前に突き出した。転びそうになりながら、男は走って逃げた。ベティは突然細い陰気な笑い声を放った。それは徐々に叫びになり、ついには苦痛と寂しさに満ち、バンシーが泣き叫ぶ固く強ばった甲高い声になった。道沿いのあらゆるドアが開き、頭が現れ、ドアの脇柱のまわりには恐怖を抱いた顔があった。声の主が誰であるかがわかったとき、恐怖は驚きに変わった。人々は彼女のまわりに集まり、口を開けたまま、馬とベティを交互に見つめた。二、三人が尋ねたが、無駄だった。すると一人が意を決し、彼女の肩を掴み、叫んだ。お願いだから、気が狂ったように泣き喚《わめ》くのをやめてくれ、と。

「おい、女、子どもたちが怖がっているじゃないか」

彼女の嘆きの声は、引きずるように低い唸り声になり、ついには軋むような嗄れ声になった。

「一体どうしたのか言ってくれ」

ベティの頭は胸まで沈み込み、肩は落ちた。彼が再び尋ねようとしたとき、ベティはゆっくりと強ばったような腕と手を挙げ、自分の小屋の方を指さした。虚ろな眼で、その小屋をじっと見つめ、見えないものを見ながら立ち尽くしていた。

全ての頭は、彼女の指が指す方向を向いた。人々は全く押し黙ってしまった。微動だにせず、息を詰めたままだった。その家の戸が、静かに彼らに向かって大きく黒い口を開いていた。ラザロが墓から蘇るのを待っている人たちのように、彼らは静まりかえって立っていた。何か起こるかと待っていたので、一分は一日より長く感じられたが、何も起こらなかった。

ついに、勇敢な男が我慢しきれなくなった。

「すぐにわかるぞ」男はつぶやき、覚悟を決めて、大股で台所の暗闇の中に入っていった。その姿が消えたとたん、戸口から大砲で打ち出されたかのように飛び出してきた。這いずり回るように道に出て、家とベティを同時に指さし、咳込みながら喘ぎあえぎ言った。

「た、た、大変だ。な、な、な、内側《なか》に……」

人々は驚いて、声も出なかった。一体全体何を見つけたというのだ。男はすでに立ちあがり、後ずさりしていた。ベティから離れ、顔は恐怖と嫌悪に満ちていた。

「はじめて会ったとき、おまえを殺しておくべきだった」彼は低い声で言った。「殺すべきだったのだ、この魔女め！」男は、気が狂わんばかりに甲高い声をあげた。「魔女め！　穢らわしい。人殺しの魔女め！」

その声が耳にも入らず、気にもとめず、ベティは死人のような顔をして、向きを変えた。どこに行くかさえ気にせず、茫然と歩き始めた。人だかりは怯《ひる》み、道をあけた。驚いて手を出すことさえできなかった。

その後、事件はあっという間に片づいた。勇気を奮い起こして、お互いに支え合いながら、暗がりへ入っていく者たち……遺体……金貨……黒ずんでいく血……ものすごい勢いで追跡していく兵士たちの足音。

ツルスク通りを北へ向かってとぼとぼ歩いているベティは、いとも簡単に見つかった。もっとも、そんな名前の場所があることを彼女が知っていたかどうか。兵士が乱暴に扱っても、彼女は逮捕されるがままだった。実際は、兵士の存在すら意識になかった。

ベティは陰鬱な古さびた監獄に入れられた。夜の仕事をする者たち、羊泥棒、追いはぎ、緑リボン会の会員※など多くの者にとって、そこは、この世で最後の住処であった。この狭苦しく不潔な監獄で、ベティは独房に入れられた。貧乏と孤独で久しく前から不気味になっていたベティの風貌は、近づく者を全て呪い殺さんばかりの齧歯《げっしるい》類の悪意をむき出し始めていた。

ついに巡回裁判が開かれた。監獄が収容人数を超えたので、速やかに空にする必要があった。ベティの死刑の宣告はすでに決まった判決ではあったが、翌朝、絞首台への道連れには事欠かなかった。つまり、その頃は粗雑な暴力の時代であり、同時に粗雑な判決の時代でもあった。犯罪を犯すと、それで一巻の終わりであり、動機などは全く考慮されなかった。それ故に、かくも残忍に人の命を奪ったベティは、二十五人の他の者たちと死出の旅路についた。大方は、決して彼女ほど重い罪ではなかった。スリ、牛を傷つけた者、市場の詐欺師、偽金作りなどであったが、全員が同じようにジャラジャラ鳴る鎖に繋がれて、同じ方角へ、つまり絞首台の方へ向かって重い足取りで歩いた。

監獄の門から二人ずつ出てきたとき、喧しい野次馬がどっと押し寄せた。罪人の親類や友人だとはっきりわかる者

※　一八〇八年アイルランドでオレンジ党に対抗するために作られたカトリックの秘密結社で、会員は緑色のリボンを記章とした。後には地主の小作人放逐反対運動に発展した。その会員を ribbonman と言う。

もいた。泣き声や涙がそのことを雄弁に語っていた。だが、ほとんどは野次馬で、楽しむためにやってきたのだった。兵士たちの怒声と棍棒なくしては、呪われた者たちを歩かせることなどできなかった。ベティが姿を現すと、それさえできなくなった。唸るような大声とあちこちで囁《ささや》く声に迎えられたが、彼女は傲慢な、むしろ軽蔑と言ってもいいくらいの眼差しを返しただけだった。そのせいで見物人は逆上した。脅しや呪いの叫びをあげ、拳を握りしめた。石を投げつける者もいた。指揮官が拳銃を空に向かって発射し、部下に位置につくように命じなかったなら、群衆が刑を執行し、暴動となっただろう。

危機的局面はいったん収まった。再び騒ぎが起こる前に、死刑の執行を急ぎ、最初の二人を絞首台へ引っ張って行った。罪の贖いとしての首つり縄が待っていた。右往左往する役人たちを尻目に、地方長官は飾り立てた葦毛の馬に平然と跨っていた。辺りが静まり返るなか、ただ押し殺した啜り泣きだけが響いた。

だが、絞首刑執行人が見当たらない。突如、群衆はひそひそ話を始めた。その様子に指揮官が動揺した。彼は長官の方へ人を押し分けて進み、なにやら小声で言い、苛立って手を挙げた。長官は険しい顔で部下の一人に命令した。すると、彼は慌てて監獄の門を通って中に入っていった。しばらくしてその男があたふたと戻ってきた。何か不都合が起きたのは明らかだった。

大変です！　死刑執行人が病気になりました、とその男は報告した。今日は死刑の執行は無理です。長官が窮地に立たされていることは、瞬く間に群衆に伝わった。だが、長官には純然たる判断があった。つまり、死刑は執行する。他の方法は考えられない。この不快な仕事を誰が行うのだ。確かに長官ではない。上品で神経過敏な男が、血に飢えた絞首台で自分の手を汚すだと！　そんなことはあり得ない。当然のことながら、彼の部下の誰一人として、進んでその役を引き受ける者はいなかった。彼らのなかには紳士はいなかったが。指揮官もその仕事をしたがらず、部下にそうするように命ずることもしなかった。

囚人たちは、何かがおかしいとすぐに気づいた。彼らの目に、潰えた希望の火がちろちろとくすぶり始めた。慈悲深い神の御心が刑の執行を猶予するように思われた。

しかし、願いの火は悲しくも消されてしまった。沈黙が深まり期待が膨らんだ最中に甲高い声が響いた。

「閣下、長官閣下」

ベティの声だった。彼女は命綱を見つけたのだ。その綱が引き上げてくれるのは、ひとりだ。まずそこに辿りつきたいと思い、彼女は早口で喋った。揺らぐ静けさの中では、声がはっきり聞こえた。

「お願いです、どうか……」

他の者同様に、長官の目は釘づけになった。願いが却下されなかったので、ベティは急いでつけ加えた。

「あなた様にお仕えできれば、この上ない喜びでございます。ただ私をお助けいただければ、ロスコモンには未だかっていなかったほどの死刑執行人になります。この人たちで、証明して見せます」そう言って、鎖で縛られた両手で、空中にさっと弧を描いた。足下にいる惨めな仲間の希望の穂を目に見えない大鎌で刈り取っているようであった。

一瞬、人々は茫然としたが、たちまち怒りに代わり、罵り、呪い、憤激、憎悪の声がどんどん大きくなっていった。ベティは揺るぎなく長官を見つめていた。すると、ついに彼は微笑んだ。彼は悟ったのだ。これで厄介ごとに終止符が打てる。言い出したとおりに仕事をさせればよい。そうすれば、今日、このぶざまな状況は申し分なく収まる。その後で、都合よく秘かに彼女を処分すればいいのだ。

長官は頷いた。自分自身の陰険さを面白がって、看守を手招きした。看守は、すぐにベティの拘束を解いた。死出の旅路の列からはずれた彼女は、地獄の使者さながらであった。手首をさすりながら、無表情で絞首台の方に歩いていき、生と死とを分かつ粗末な階段を五段登った。気難しい長官からの指示を待たずに、一番近い縄をわし掴みにし、そのおぞましい仕事に熟練しているかのように、首つり縄を調整した。冷酷無情な笑いを浮べ、先ほどまで同じ運命を担っていた者のひとりを、彼女が手招いたとき、群衆は唖然として口を開けたままだった。彼女の表情が見えるくらい近くにいた者たちは、その笑いを見て、血が凍る思いだった。縮こまり、驚きのあまり目が飛び出さんばかりの最初の死刑囚は、手荒く階段を上らされ、あっという間に片づけられた。ベティは技術が欠けているところを、熱意で補った。

長官ですら、みぞおちが痛むのを感じた。今まで一度もこういう情景を眼にしたことがなかったかのように、囚人が死ぬ間際に足をばたつかせるのを瞬きもせず見ていた。

一人、また一人、ぶら下がった遺体が群衆の前で揺れているのを見て、人々は胸が悪くなった。ついに本当の恐怖が、傍観者の心に深く刻まれ始めた。その時までには、もう手の施しようがなかった。兵士たちには武器を持って待機する時間があった。今回は他の人間が死刑執行を行っているので、その場所で娯楽を楽しんでいた。ベティが処刑する人数について賭ける者まで出始めていた。アイルランドの野次馬連中が、賭けをするのはいつものことだった。しかし、ベティの意識の中には息子の顔以外はなかった。生気を失っていった眼、魔物のような金貨の入った袋。他の全ては幻であった。音を立て妙な仕草で踊る魂の脱け殻が揺れ動いているが、彼女にとっては意味がなかった。

彼女は容赦なく仕事を続けた。哀れに伸びた最後の囚人の身体がぴくりと引き攣《つ》り、命が絶えたとき、今は静まりかえっている人だかりを見渡し、以前と同じ仕草をした。人差し指でゆっくりと刃物の形を作り、左から右に、それから後ろに一振りして、それを自分の首に突き刺して、「おまえもだ」と気が狂ったように横に引いた。「次はおまえだ……」その動きは誰の目にも明らかだった。

ベティは見張りをつけられて、監獄へ戻された。長官は彼女に話しかけるどころか、会うことすらしなかった。彼女がやり遂げた仕事に対して、祝福する者も感謝する者もいなかった。だが、ベティはずいぶん前から、感謝といったような上品な行為が存在するなどとは思わなくなっていた。そういう上品さの欠如こそ、望み信じていたものだ。

その点では、ベティは賢明であった。その後すぐに知らせが届いた。例の死刑執行人は良心の呵責による病気どころではなかった。死んでしまったのだ。早急に代わりを見つけなければならなかった。というのは、また再びロスコモンの監獄がいっぱいになり始めたからである。だが、誰が？　あれほど機敏に仕事をこなしたベティを除いて誰がいるだろうか。形式張ったこともほとんどなく、途方もない契約が結ばれた。甲の側である役所は、半年毎に乙に給料を支払い、監獄内での安全な住まいを保証し、継続して仕事をさせる。乙の側であるベティは、質問をせず、法廷での決定を単に実行するという誓約をする。当局側は警戒して、ベティの刑の宣告を無効にしないで、無期限に執行を猶予した。こうすることによって、ベティの忠誠を得ようとした。頭の切れる者だったら、そのような裁定は必要なかったことがわかっただろう。ベティはついに天職を見つけたようであったから。

彼女は、情け容赦なく手際よく仕事に取りかかった。頼りがいのある進取の気概に富んだ刑吏であることがすぐにわかった。たとえ望んでも、もはや街を安全に歩き回ることなどできなかったので、新しい宿舎のじめじめする廊下を歩きながら一日を過ごした。真っ直ぐな灰色の塀は、彼女の人生観と生活を素晴らしく単純化した。一つひとつの格子窓から差す薄明かりは、決してふるい落とすことのできない幻影を浮かび上がらせるのであった。息子の青い瞳に翳《かげ》っていく光である。彼女はヒステリーから紙一重のところに留まっている諦めの気持ちをもって、冷酷になり効率ということだけに集中した。自分のしでかしたことを果てしなく追体験しなければならないとしたら、ある目的をもってすればよい。目覚めている時間を浪費しないように、断固として行動する方がよい。

石塀の外の市場で刑の執行を行うのがどれほど危険であるか。部下の生命を不必要に危険にさらしているか。それを最初に監獄の所長に指摘したのはベティであった。とにかく所長は耳を傾けた。女が提案する忠告を受け入れるのは気分が悪かったが、公の処刑場のことを考えると、眠れぬ夜が幾晩も続いていたからである。しかし、そのことに立ち向かうだけの機転がなかった。今、耳を傾けているのは、このことを認識しているからだった。

「石工を二、三人雇いさえすりゃ、ここ石塀の内側に手頃な小さい絞首台を急いでこしらえるのは、とても簡単なことです。そうすりゃ、厄介ごとが少なくなるというもんです」

石工だと？　大工だと思っていたのだが、石工とは！　あの女は明らかに狂っとる。

彼女は所長の顔色を伺って、さっと指を上げ、三十フィート上の石塀から突き出ている錆びた鉄の梁を指さした。

「旦那、あそこ！　もしあそこから歩き出したら、塀の外と同じで見せしめとなるんですよ。しかも安全ときてます」

建物の正面を少し変えなければならないだろうが、所長は彼女のその言葉に反駁できなかった。だが、「石工」と言ったな。厳しい顔でベティを見た。彼女は微笑んでいた。所長の名誉のために言っておかねばならないが、恐らく自分よりも仕事をしっかりと理解している人間がここにいることを、わかるだけの才覚は持っていた。だから、これ以上彼女と接することを望まず――多分恐れていたのだろう――彼は向きを変えた。

「おまえにまかせる」所長はちらっとベティを見ながら、去り際に指を鳴らして、大股で立ち去った。

ベティは責任を持って仕事をこなした。入り口を壊し、生け贄の囚人が今わの際に立つ足場を外側に蝶つがいで水平に取りつけ、頭上の梁を新しくした。どんな親方でも、彼女ほどうまく職人に命令を下すことはできなかっただろう。監獄を空にするという巡回裁判の決定に十分間に合って、その仕事は完成した。

ベティはその日冴えわたっていた。手早く仕上げた新しい装置に大いに満足し、最高に引き立たせて、それを見せたいと思っていた。足場の下にある短い丸太がさっと抜かれ、囚人たちの首の骨がパキッと折れると、見ている者たちの間から怒りと不満の唸り声がどよめいた。彼らははっきりと死刑執行の成り行きを見ることはできたが、今では邪魔はできなかった。この新しい装置はベティが作ったのだという噂が広まった。だが、世間一般の人々は、彼女の創意工夫に感銘を受けることなどなかった。少しずつ数が増えていった異国の人々――イギリス人でさえ――が、この驚くべき新しい処刑装置を見ようと期待して街に現れたが、いつものようなアイルランド風のもてなしはなかった。土地の人々は、そんな噂が広まることに恐れをなした。物好きな旅人相手に金儲けをしようとする商売人でも熱が入らない様子であった。

ベティの存在は、巡回裁判がやってくる毎に、町の人々の意識の中にますます深く焼きついた。彼女はお化けになり、子どもたちが寝つくときに怖がるプーカの最大のライバルになり、バンシーの親戚になった。ベティは実際には姿は見えないが、いつも秘かに子どもたちの傍にいた。物語は膨れあがり、死刑ではない刑に服した者たちが、監獄で見た「本物のベティ」のことをありのままに話すことにより、さらにあおられた。彼らが言うには、ベティの部屋は広々とした一続きの部屋で、人間の罪深い頭から生み出されたありとあらゆる拷問の用具が備えてあったそうである。生贄の一人の頭蓋骨からポチーン[※1]を飲んだと誓って言うものもあれば、処刑した者たちにうりふたつの身の毛もよだつ絵を部屋の壁に熱心に描き、飾り立てていたと噂する者もいた。ベティの話が持ち上がるときは、その話に尾ひれがついた。話はそれぞれ違ってはいたが、ベティに対して温情主義の人たちでさえ、毎回やってくる巡回裁判で、楽しそうに死刑執行の仕事をこなすベティの姿に打ちのめされてしまうのであった。

ホワイトボーイ[※2]が活動した騒乱の時代は、次に述べるようなことが最も顕著に現れた時代であった。ベティは反逆者の首を絞めるように呼び出されたばかりでなく、また新たな責務も負わされた。法律によって有罪と宣告されたが、死刑にはならなかった者たちから反逆心を奪う仕事であった。彼女が使った拷問の道具は、九尾の猫鞭[※3]であった。この道具の微妙な使い分けはわかっていたが、背中と臀部から皮膚を剥がすのに、他にどのような方法があるのか、またどれくらい叩けばいいのかを調べるために実験を始めた。ハシバミの木は効果があった。茨の木は見かけ倒しであった。しかし、最も頼りがいのあるのは、籠職人が好む柳の枝であった。選び抜かれた見本の枝は感覚の鋭い使い手が扱うと、二〇〇回肌を叩いた後でも、まだ激しい痛みを与えることができた。

このとき以来、ベティの変化が著しくなった。最短の時間で何人の命を奪うことができたかで、彼女を評価する人

※1　密造ウィスキー
※2　一八世紀アイルランドの農民による秘密結社。夜に白いスモックを着てイギリスの領主を急襲したことからホワイトボーイズと呼ばれるようになった。主な暴動の勃発は、一七六一年にリムリックで起こり、ティペラリー、コーク、ウォーターフォードへと広がっていった。直接イギリス政府に対する反乱ではなく、土地の領主に対する反乱であった。
※3　ロスコモンの市立博物館に現存する「九尾の猫鞭」は、麻紐に幾つかの結び目をつけ、その間や先端に鉄片をつけたものを九本束ねて、鞭にしたもの。

によれば、鞭打ちが与える苦痛の微妙な度合いを楽しむようになったというのだ。犠牲者がその喜びを分かち合ったかどうかは疑わしい。ただでさえこの哀れで惨めな人々が、さらに屈辱を味わい、恐れ慄いた。今やベティはますます完璧主義になり、執拗になっていった。ロスコモンで有罪になるということは、すなわち即処刑されるか、半死の状態を彷徨うことを意味した。ホワイトボーイ運動やその他の農民の反乱はベティの管轄区では衰え、やがて消滅してしまったのも不思議ではない。一七九八年の反乱[※1]の年でさえ、復活することはなかった。ベティの徹底主義がそうさせなかったのだ。当局はベティの抑止力を確信していたので、仕事を半ば引退したいという彼女の要求は認められた。今では、ベティの名前と評判がその腕前よりも恐怖を掻きたてるということがわかってきたからである。

新しい世紀が幕開けした。人々の明暗は階級と宗教によって決定された。じわじわとではあったが、近い将来に大きな変化が起こりそうであった。しかし、ロスコモンでは犯罪も政治も人々の心に波風を立てることはなかった。その地域では、昔から多発する時期があった羊泥棒でさえ全く発生しないので、話題はそのことで持ちきりだった。ベティの鞭打ちの技を前にしては、羊肉は魅力を失ってしまったのだ。

その頃、その地域の処刑の率が驚くほど下がったので、ダブリン城の英国王の僕《しもべ》たちの詮議の的になるほどであった。人殺しもしかねないアイルランドの百姓の気質が変わるはずなどない。従って、大規模で、さらに不可解な陰謀が進行中であるか、地方長官が甚だしく義務を怠っているかのどちらかだ、と意地悪い役人たちは、確信を持って判断したのである。長官は、その事態を説明するために召還されたが、用心してベティを伴った。彼女がトランプの切り札だと感じたのだ。全くそのとおりであり、それ以上でもあった。干からびた役人たちは、ベティの驚異的な技を見せろと証拠を求めた。彼女の素晴らしい技を証明する話題には不自由しなかった。絞首刑に対しても、鞭打ちの刑に対しても、ベティが徹底的な準備をするのを見て、役人たちの心臓は激しく打ち始め、血管の中で血が溢れかけた。ベティが何の苦もなく仕事に取りかかり、命の最後の引き攣《つ》り、最後の血の一滴まで見とどけるのを見て、役人たちは次第に称賛の気持ちを抱いた。

ベティがお辞儀をして去って行くとき、老練の軍人がなにやら呟く声がした。「海軍省がこのような者を雇うのも悪くはない」と。踏みにじられた労働者の蜂起、つまり、五年前のスピッドヘッドやノアの反乱[※2]によって、多くのものを失った役人たちの腸《はらわた》が未だに煮えくりかえっていたのである。

そのようなベティの技を見せつけられては、残りの尋問は単なる形式に過ぎなかった。彼らはロスコモンに凱旋した。長官はポケットに褒賞状を携えていた。ベティにはさらなる大きな喜びがあった。危機の時代にロスコモンで公共の安全を守ったベティは、アイルランド総督の介入によって、長年差し置かれていた死刑の判決がついに破棄され、今や平和に引退することができた。その事実は公表されなかったが、彼女は引退した。

一八〇七年、ベティは監獄の敷地内にある小さな庭の世話をしているとき、静かに息を引き取った。長官の急な命令により、夜の間に秘かに葬られた。最後の安息所に墓碑銘をつけることは許されなかった。そのように墓碑銘をつければ、長年にわたる勤勉な手が成し遂げた仕事が全て水泡に帰するからであった。恐らく犯罪と騒乱が雪崩のごとく発生するだろう。彼女が生きていて、脅しをかけていると思わせる方が全てに好都合であった。このようにして、その後ほぼ一世代の間、ベティは墓から平和を守り、老若男女の心から容易に離れることはなかった。一八二〇年代に入ってもロスコモンでは、犯罪率は下がったままであった。犯罪率が正常に戻った今日でさえ、ベティの名前を聞くと会話が止まってしまう。人々は、暗い片隅に神経質にそっと目をやるのである。

生まれ故郷のケリーでは、彼女は優しく扱われている。いや厳しくと言った方がいいだろうか。彼女の名前、その存在すらも、ずいぶん昔に忘れ去られてしまったのである。

※1　アイルランドの政治結社「ユナイテッド・アイリッシュメン」によるイギリス政府への反乱。フランス革命に影響を受けたものだったが、失敗した。
※2　イギリス海軍の兵士たちが生活環境と賃金の改善を求めて起こした反乱。スピッドヘッドの反乱は海峡艦隊の兵士たちが起こした反乱。ノアの反乱はテムズ河口の停泊地ノアで軍艦サンドイッチ号の兵士たちが起こした反乱。

4　バールナの怨霊

——スピリジ・ナマールナン——

過酷な時代の話。西リムリックの田舎が大飢饉[※1]によって静まりかえってしまうより遥か昔に、テンプルグランチンの教区バールナと呼ばれる地に、ヒョックネシーという名前の家族が住んでいた。バールナはケリーの丘が連り、ニューキャッスルウエストの辺りの平原を見下ろす所にあった。道が急に上り坂になり、ケリーの領地へ向かう旅人にとって、その場所は自分たちの力と馬の力が常に試される場所とみなされていた。上り坂が険しく困難を極めたバールナは人通りのない街道で、主な難所であり不吉な予感がする場所でもあった。ここを通り過ぎる人々が、上り坂と格闘しながら神経質にあちこち目を向けるのには、もう一つの理由があった。特に、小さな草原に夕闇が迫る頃には。というのは、ここはモル・ヒョックネシーが出没する場所でもあったからである。モルはバールナの怨霊[※2]であり、夜の間に通り過ぎる全ての人から血の通行料を取り立てる身の毛のよだつような生き物であった。

彼女がどうしてそのような怖ろしい姿になったかについては、土地の老人たちの記憶にまだ残っている。今日、車で通る人たちでさえどきりとさせてしまう話である。古い鉄橋の気味悪い石の橋桁の下を通り過ぎるためにスピードを落とすとき、バックミラーをちらっと見たら、ひょっとして自分自身の目とは違う二つの目があなたを睨みつけていることに気づくかもしれない。その時はハンドルをしっかりと握りなさい。見通しの悪いこの場所で、いったん停まったり、コントロールを失ったりしたら、彼女のなすがままになってしまうからだ。あの氷のような指がゆっくりと逆らいがたくあなたの首に沈んでくる。月の光を消し、全ての光を消してしまう……永久に。そう感じるのは、あなたが最初ではない。

ところで、ヒョックネシーの家族はといえば、惨めなほど貧乏であった。その地域のほとんどのアイルランド人同

※1　一八四五—四九年に亘るジャガイモの不作による大飢饉
※2　スピリジは「霊、亡霊」の意のアイルランド語であるが、ここでは「怨霊」と訳した。

様、イグサの多い小さい農地でどうにか生計を立てていた。ゲールデイ[※1]に借地料を払う助けとするために、パトリック・ヒョックネシーは機織りの仕事もした。神が与えてくれた日の光のある間は働いたけれども、育ち盛りの子どもたちの腹を満たすことは叶わなかった。一度ならず、彼は地主の代理人[※2]の前にひれ伏して、借地料を掻き集めるのに時間をもう少しください、と乞わねばならなかった。どうしようもなかった。当時のアイルランドでは、小作農たちはこういう状況におかれていた。

　さらに悪いことに、パトリック・ヒョックネシーには娘が四人いた。貧しい男にとってはひどい悩みの種であった。娘たちを結婚させるために持参金をどこから捻出できようか。貧乏な家に生まれた娘たちにとっては、その当時のアイルランドは決して優しい場所ではなかった。掌中の金は胸中の愛よりも素晴らしい、と思われていた。昔からの習慣である持参金がないために、多くの若い娘たちの生活が歪められてしまった。

　二番目の娘メアリーは美しい娘で、幼い頃から独立心があった。土地の老婆たちは、彼女を我の強い娘《こ》だと言った。そして一度ならず彼女に警告した。世の中に対する見方を変えなければ、決して男を手に入れることはできない、と。するといつも自分の考えを吟味するかのように、メアリーは静かに答えたものだった。「男を手に入れる！　ええ、そうしますとも」

　時が流れ、大人になったメアリーにとって、父親はもはや自分が知っている強い男ではなかった。絶え間ない仕事のせいで、疲れ果て、身体は縮み、消えいるように思われた。山腹で刈り取ったイグサの重みで背中を曲げながら、夕方に帰宅するときには、まるでよき人々[※3]の一人で、小人のように見えた。もっともそのことを声に出して言う勇気はなかったが。もし結婚したいと思うなら、老婆たちが言ったように、自分自身で夫を探さなくてはならないだろう。父親は、一ポンド金貨五枚を一度に掌中に収めて愛でることなど決してないだろうから。ましてや程々に納得のゆく夫を引っ掛けるために必要な金貨五十枚なんて言うには及ばぬ。

　メアリーは身辺を見回し始めた。まもなく何エーカーもの土地を所有している若い男をぎらぎらとした目で捉えた。

たとえその若い男の背中に瘤があり、片目しか見えないとしてもそれが何であろうか。そんなことは全く気にも留めなかった。恋は盲目なのだ。だが、メアリーは広大な畑と堅固な造りの家があり、重荷になる年老いた父母がいない、という喜ばしい事実をしっかりと見てとった。お粗末ながら幸せになれそうだと思った。両親も満足した。義理の息子としては必ずしも全てを備えているとは言いがたいけれども、メアリーの未来は保証されたように思われた。過去においても、多くのそういう結婚は、神の助けと思慮分別によって、結局幸せになっていたのだから。

パトリック・ヒョックネシーは、肩から重荷が下りたようだった。今では時々微笑んでいるのさえ見られ、以前よりも少しは希望を持てたようだ。メアリー同様父親も、結婚式を楽しみに待っていた。結婚は、今までずっとつきまとわれてきた貧乏から逃れる方法だった。

式の日取りが決まり、司祭とともに手筈が整えられ、その日を待つばかりであった。するべきことは全てやり終え、大団円に向かうはずだった。しかしながら、時として予期せぬ結果が待ち受けているものである。まさにそのとおりになった。結婚式の朝、メアリーは何の理由もなく気が変わってしまった。たとえ花婿がすでに教会に着いていて、準備万端整えて待っているとしても、行く気はない、とメアリーは言った。

メアリーの母親は、二十八年前のその日、自分も神経が昂《たかぶ》っていたことを思い出して、メアリーに事を分けて話した。

「ねえ、メアリー、今、こんなことを言うのは少し遅すぎやしないかい。もっと前に話すべきだったんだよ。可哀想に、あのお方を祭壇の前に馬鹿みたいに突っ立たせておくことなんて、とてもできやしないよ」

※1　領主への借地料や利子の定期支払い日。アイルランドでは、年に二回あった。
※2　当時の地主は大体イギリスで暮らす不在地主で、小作農から取る法外に高い借地料は代理人が取り立てた。
※3　アイルランドでは妖精をグッド・ピープルと呼ぶ。

「できるわ。そうするのよ」

哀れな母親は、メアリーの決心を変えさせることができなかった。そこで、司祭と打ち合わせをしている夫のパトリックの所へ行って、どういう事態になったかを報告した。最初、父親は母親の言っていることを信じなかった。

「冗談を言ってる場合じゃないよ、おまえ。おい、よせ。ここで司祭さまが待っておられる」

「あの子はどうしても来ないんですよ。もう心変わりしてしまって。結婚しないんだって言い張ってるんです」

冗談でないことを見て取ると、父親はひどく不機嫌になった。拳を握りしめ、血相を変え、メアリーを呼んだ。

「どういうことだ。今朝になって結婚をやめるとは！　どんな惚けた考えが、おまえに取り憑いたんだ」

司祭は重々しく頷きながら、脇に立っていた。司祭がどちら側に味方しているかは、明らかだった。

「私、あんな男の人と一緒では、決して幸せになれないわ、父さん。できない……」

「幸せだと。そんなもん関係ない」彼は娘の責任のなさに心底ショックを受けた。「メアリー、おまえは結婚するんだ。あとで幸せになれる。だから今は教会へ行くんだ！」

「行きません！　結婚しません！」

父親は恥をかいた。司祭の前で自分の娘がこんな話し方をするなんて！「行くんだ！」彼は吐くように言った。

「そうしないと、この先、道を踏み外すことになるぞ。この恥知らずのあばずれ。ああ、母さんや、何という娘に育てたんだ」

哀れな母親は言いたいことがあったが、司祭の頷く姿を見て、自分の言葉を呑み込んだ。司祭は厳《おごそ》かに分別のある話をした。

「メアリー！　メアリー！　もう一度考えなさい。可哀想なお父さんお母さんのことを。ご両親が今までおまえのためにしてくれたことを考えなさい。断れば、世間から何て言われるか考えなさい。そうなれば、ご両親はどんなに心を痛められることか」

「今、あのドアから出ていって、待っておられるあの素晴らしいお方の所に歩いていかねば、わしが娘の背骨を折る！　あんなお方と結婚できるのは喜ばしいことだ。さあ、笑って！」

メアリーに選択の余地はなかった。はやまって自分が選んでしまった男と結婚させられた。結婚式を挙げているとき、明らかにふたりは釣り合いの取れた夫婦には見えなかった。少なくとも近所の人からふたりは祝福を受けたが、そのことに何の意味があると言うのだ。式の後、控えめな披露宴があった。新居に帰るときには、さらに陰気に沈み込んでいた。メアリーは話す気になれなかった。

この結婚がうまくいかなかったとしても、不思議ではない。賢者がかつて言ったように、初めが悪ければますますひどくなる。実際そうなった。やがて夫は、メアリーから何の反応も得られないので、彼女の美しさと自分自身の身体の障害を比較し始めた。見るもの全てに腹が立ち、惨めになった。メアリーはメアリーで、夫の絶え間ない不平不満に我慢できなくなっていた。その素晴らしい屋敷には話し声よりも沈黙の方が多くなった。夫はお為顔《ためがお》の他の者たちと一緒にいるようになり、憂さ晴らしに酒を飲み始めた。道理のわからない妻に対して何をなすべきかを助言してくれる酒飲み友だちには不自由しなかった。そういう連中からの影響で、暴力を振るうようになり、いつ癇癪を起すか計り知れなくなり、日に日にメアリーに対する憤りが強くなっていった。

予測できない運命の捩れによって、その日がやってきた。ある土曜日の夕方、メアリーが台所で、鍋や釜を火にかけて忙しく立ち働いているとき、夫が酔っぱらって喚《わめ》き散らしながら帰宅した。姿より先に、妻を非難する叫び声が中庭から聞こえてきた。彼女の心の中に怒りと恐怖が燃え上がった。その時、殺してやると罵詈雑言を吐きながら夫が入ってきた。彼女は激情に駆られ、その場でさっと向き直り、火ばさみで真っ直ぐに夫の両目の間を突いた。すると夫は気絶して台所の敷石の上に血を流しながら倒れた。

我にかえったメアリーは怖ろしくなった。麻痺した指から火ばさみが音を立てて床に落ちた。膝をついて、夫の脈を診た。脈がない！　ショックに打ちのめされ、彼女は気を失った。その時、誰かが台所に入ってきたら、まるで残忍な殺人の現場のように見えただろう。いや実際そうだった。全てが周到に計画されたわけではなかったが。

まもなく、自らの行為の当然の結果に直面することになった。正気に返るやいなや、遺体を片づけなくてはいけないと思った。答えはおのずと出てきた。有能な女だったので、夫の遺体を小さく切り刻み、農場のあちこちに少しずつ埋めることにした。幸い、この種の作業を以前に経験したことがあった。その当時、たいてい家で豚を屠《ほふ》り、切り分け、塩漬けにし、樽詰めにしていた。この際、樽と塩は免除。家の外であればどこであれ、都合のよい場所に死体を処分できて嬉しかった。夫とは、もう何の関係も持ちたくなかった。どの部分であっても。その夜、陰惨な仕事を秘かにこなし、明け方までには、頭部以外は全て隠した。死の瞬間のショックで歪んでいる顔の表情がまだ残っているこの頭は、特別な処置がふさわしい。メアリー・ヒョックネシーは、その頭に敬意を払い、中庭の牛馬の糞の山に埋めた。「夫よ、あなたはいつも口汚い物言いだった。今、その口を塞ぐものがあるわ」と彼女は独りごちた。

もちろん、夫の不在に気づく者がいた。とりわけ呑み友だちは心配した。彼らは家にやってきて、彼の安否を尋ねたが、メアリーは彼らを悪し様に扱った。「よくも厚かましく私の家に来るもんだ！ 夫と酒盛りをして楽しんだおまえたち、なまくらもん！ おまえたちはおことわりだ！ これでも優しすぎるくらいだよ」そう言って、彼女は彼らの面前でぴしゃりとドアを閉めた。

彼女の両親は、そう簡単には片づけられなかったが、彼らに対しても冷たく答えた。「どこに行っているか、私にわかるわけないじゃないの。家から離れて暮らすことを彼が選ぶんだったら、どうしようもないわ」

日が経ち、数週間が過ぎ、当然司法の手が伸びた。行方不明の男の捜索のため軍が重い腰を上げたのだ。だがそれはメアリーが頼んだことではない。ある朝、一団の兵士たちが、メアリーの家の中庭に現れた。彼らの着ている緋色のコートが早朝の陽光を浴びて鮮やかに輝いていた。革紐につながれた警察犬が数頭、兵士たちを引っ張っていた。

将校はハンサムな中尉であった。台所に颯爽《さっそう》と入ってきて、周りを一瞥して思った。素晴らしい場所だ、結構だ。女もいい。

「奥さん、あなたの夫が汚い手口で殺されたという疑いがかかっています。捜索に派遣されてきました」

一瞬メアリーは恐怖に打ちのめされた。言葉を失い、金縛りにあった。しかし、どうにか平静を保ち、なんとか気丈に話すことができた。「私が捜さなかったとでもお思いですか。どうぞよろしくお願いします」

彼女はそれ以上話す気になれなかった。将校が傍《かたわ》らで彼女を見つめていたからだ。その眼差しには非難ではなく称賛の気持ちがあった。いやしくも、今は急ぎの捜索の時と場所だ。別のときに、個人的に訪れていたら、恐らく喜ばれたかもしれない！　彼は微笑んで、帽子を傾げ会釈した。

「突然の家宅捜査をお許しください。すぐに出ていきます」

しかし、運命は再び致命的に捩れた。中尉が部下の者たちに退却を命令したまさにその時、家畜の糞の山の辺りから犬の怖ろしい吠え声が突然あがった。ハウンド犬の調教師は、その悪臭漂う塊に犬が突撃しようとするのを必死で引き留めていた。だが、犬は頑としてそこから動こうとしなかった。

「犬がどうかしたか」心地よい白昼夢から突如目覚めさせられて、怒った中尉が叫んだ。

「何かわかりませんが、ここに何かあります」

「ああ、糞塚だ。馬鹿でもそれくらいはわかる。犬の嗅覚が狂ってしまっているんだ。引っ張って行け。私らも行こう」

ハウンド犬は糞塚を掘り返した。後ろに糞をまき散らしながら。その間ずっと激しく吠えていた。犬の調教師は犬めがけて蹴りかけたが、その足を下ろした。犬が、髪の毛のように見える怖ろしいものを引きずり出していたからである。兵士はかがみ込み、近寄って見て、鼻と口を押さえて後ずさりした。

「うひぇー！　隊長、隊長！　ここを見てください」

その興奮した声に、他の者たちが駆け寄ってきた。すると、メアリー・ヒョックネシーの夫の目のない眼窩《がんか》が糞塚から睨みつけていた。中尉は部下たちのざわめきから目を逸らした。たまたま犬の鼻の気まぐれで、楽しい空想はあっという間に打ち砕かれた。彼は家の戸口の方をちらっと見た。失望が諦めに変わっていった。それから気を取り直して、急に二言三言命令した。「その汚いものを掘り出せ。納屋を捜索しろ。おまえたち二人は私と一緒に来い」

染みひとつない制服を誇りに思っていた兵士たちは、むかつきながら、命令を全て遂行した。その間、中尉は戸口に二人の兵士を見張りに立たせ、もう一度台所に入っていった。メアリーは同じ椅子に、微動だにせずに静かに座っていた。犬の吠え声が何を意味するか、メアリーにはよくわかっていた。

中尉はゆっくりと彼女を見下ろした。「で、ご婦人、あなたは見かけとは別人のようですな。残念です」と彼はつけ加えた。「私たちにご同行願います。あなたには辛いことでしょうが」

メアリーはリムリックまで護衛付きで連れてゆかれ、地方長官の前に引き出され、夫殺しの罪で告発された。自分が夫の死の原因であることは、素直に認めたが、殺人であることは頑として否定した。裁判で、彼女はこのことに固執し、唆《そそのか》されたのだと述べた。たとえ、裁判官席に厳格なことで有名なジェフリー判事※がいなかったとしても、法は厳しく、情状酌量の余地はほとんどなかった。

「他の者たちが同じような罪を犯さないように、厳罰に処する。放免の判例は他の妻たちに悪い見本となってしまうだろう。最後に叶えてほしいことはあるか。言ってみろ」

「私のただひとつの願いは、最後にもう一目だけバールナの家を見ることです」とメアリーは言った。「そこで命を絶つことができたら本望です」

その申し出を許可することは、長官としても意に添うことであった。そこで彼女は連れ戻され、自分の家の中庭で絞首刑になった。その当時、アイルランドの庶民の間で、イギリスの法律が好意を持って見られていたのは、そういう計らいがあったからだ。

首がポキッと折れて、メアリーはこの世の出来事に全く関心を失った。少なくとも、一時的には。瞬く間に、彼女は天国の扉の所に来ていた。というより、それに似た怪しげな扉がいくつかある所に。しかし、扉には鍵が掛かっていて、辺りは静まりかえっていた。勇気を奮い起こして、彼女はノックした。もう一度ノックした。返事はない。前より大きくドンドンと叩いた。それでも返事はない。さらに大声で叫び始めた。諦めて、戻ろうとしたとき、小さな窓が片側にギーッと軋って開いた。老人が頭を突き出し、しょぼしょぼした目で彼女を見た。

「おまえさんは誰だい。何の用だい」

「中に入りたいのです。それだけです」彼女は叫んだ。

「待ちなさい！」老人は嗄れ声を出して、窓をバタンと閉めた。がたがた震えながら彼女は待った。永遠とも思われる時間が流れた後、巨大な観音開きの扉の右側が少し動いて、その隙間から白髪混じりの頭が再び現れた。

「何の用だい」老人は尋ねた。

「先ほど申し上げたように、中に入りたいのです」

「どこから来たんだい」

「西リムリックから」

「ふぁー！」それは首を絞められたような笑い声だった。「ここにはその場所から来たものは誰もおらぬ。おまえさんの名は？」

「ヒョックネシー。でも結婚して……」

「そのことについては全て承知しておる」彼は苦々しくつぶやいた。「おまえさんは、結婚の誓いを重んじなかったな」

その言葉が彼女の胸に刺さった。「私が非難されることはないわ。私だけのせいではありません」

彼はそれ以上語らず、小さな壁龕《へきがん》に手を伸ばし、重いぼろぼろの台帳を引き出した。手あかで汚れたページをパラ

※　イギリスの法律家、貴族のオークシー男爵ジェフリー・ローレンス。ニュルンベルク裁判の裁判長を務めた。

パラとめくり、ある特別な箇所を探し当て、それからバタンと閉じた。

「ここの台帳には、その名前はない。悪いがここから去るしかないな」

「去るって？　どこに行けると言うの？」

「おまえさんが来たバールナへ戻ることだな！　そこが居場所だ。おまえさんが流した血によって呪われている」と彼は言った。そして彼女の答えを予測しているかのように言った。「だが、おまえさんが言うように、全部が全部おまえさんが悪いわけでもない。おまえさんの夫の死に対して、より大きな罪は父親と司祭にある。彼らはそのために苦しむだろうよ。決して恐れることはない」

実際、二人は罰を受けた。パトリック・ヒョックネシーは、娘の絞首刑の後二、三週間して、喚き散らしながら死んだ。司祭は、その年の秋、葬式に行く途中で馬から投げ出され、首の骨を折った。その朝が自分自身の弔いになるとは！

しかしながら、哀れなメアリーには少しの慰めにもならなかった。天国のすぐ近くにいて、天国からとても遠い所に捕らわれていた。中に入れてくれるように再び懇願した。跪《ひざまず》き、両手を揉み合わせているのだが、奇妙にも、涙が出ないことにメアリーは気づいた。

「黙れ！」白髪の髭をした老人が苛立って、がみがみと言った。「黙って、聞け。罰を受けるのだ。悪行の場所に立ち戻り、殺めた血を毎日思い出すのだ。バールナへ行け。そして、そこに留まれ。勇敢で馬鹿な人間が向こう見ずにもおまえと闘い、生きながらえて、その話を伝えるまでは」

ドアはピシャリと閉まり、メアリーは自分が落ちていくのがわかった。落ちて、落ちて……落ちていく……。

メアリーはついに故郷に戻った。すぐさま仕事にかかり、その場所を通っていく全ての人を怖がらせた。一世紀以上の間、彼女は申し分のない仕事をした。その間ずっと、誰一人として、彼女に一言も話しかける者はいなかった。

彼らは一人残らず、彼女の掴みかかってくる指、さもなくばピカッと光る白い牙から逃れるのに必死だった。というのも、彼女は人間の姿で現れるのと同様に、時には尻尾の先だけが黒く、雪のように白いハウンド犬の姿でも現れたからだ。スピリジ・ナマールナン、人々は彼女をそう呼んだ。マンスター中を駆けめぐり、恐怖をもたらす名前だった。バールナはとても危険で邪悪な場所だという評判を取ったので、その怨霊の噂を聞いたものは暗くなってからその道を敢えて通ろうとはしなかった。たとえ冬の最悪の天候の時でも、その道から七、八マイル離れた所を歩く方をむしろ好んだ。死のように冷たい指が喉元に触れてくるのに遭遇するよりもましだった。だが、それでも犠牲者は出た。必ずしも全ての旅人が怨霊の噂を聞いていたわけではなかったからだ。

怨霊は長らく人々に恐怖を与えていたが、彼女と対等にわたりあえる者が一度だけ現れたことがあった。それは一八五〇年代の鉄道が敷設された頃だった。アイルランドが飢餓に苦しんでいる時期だったので、労働者たちは、その工事に雇われることを喜んで、国中の至る所からやってきた。そのなかにマウントコリンズからやってきた男がいた。頑強な労働者たちのなかでも、とりわけ大男であったその男は、両手でレールを持ち、敷かれた枕木の上に二本ずつ置いていった。それはまさに人間クレーンだった。工事は、渓から上の方に這うように着実に進んでいった。日ごとに彼らはスピリジ・ナマールナンのねぐらへ近づいていった。恐らく怨霊は蒸気機関車の時代が到来することに危機感を抱いていたのだろう。あるいは、新しい犠牲者が現れることを歓迎していたのかもしれない。どういう事情にしろ、衝突は避けがたかった。マウントコリンズから来た大男は、毎日十二マイルの距離を仕事のために往復するかわりに、ゴーツナグロスに板で小屋を建てた。イグサで屋根を荒く葺き、月曜日から土曜日までの六日間の労働日はそこに住み、ミサと両親に会うために日曜日だけ家に帰った。もちろん、仕事仲間は彼をからかった。

「リーアム、どこに金貨を埋めるつもりかい。アメリカかどこかへ渡る船賃を貯めているのかい」しかし、彼らはリーアムを怒らせるほどの馬鹿ではなかった。冗談は仲間同士のやりとり、つまり昼の休みを活気づける気さくな馬鹿話程度に終わった。

バールナの渓に、一つ目の鉄橋のための堤防を積み上げる工事が終わろうとしていたある日、ニューキャッスルウェストの町から来た労働者で、田舎の古い話など軽蔑している男が、話に割り込んできた。「なあ、リーアム、夜にあんなおんぼろ小屋にいるのが怖くないなんて変だぜ。自分のことを気にかけろよ。スピリジ・ナマールナンがおまえを捕まえにやってくるぜ。おまえでもやつにはかなやしねえ、とおれは思っているんだがな」わざとみんなの耳に入るように町から来た男は笑い、岩を削る仕事に戻った。

一瞬の間、沈黙が流れた。それから轟き渡るような声でリーアムが返事した。「やつがどこに現れようとも行って、やっつけてやろうじゃねえか。そのためだったら、ここにある金貨五枚を全部賭けてもいいぜ」

この言葉を聞いて、さらに長い沈黙が流れた。最初に驚いた男たちが、突然にたりと笑い、嘲《あざけ》りの表情を全ての男たちが浮かべて、町から来た男の方に顔を向けた。彼の冗談はかわされ、はったりは証明を迫られた。リーアムがそんな大金を掛ける余裕などないことを皆は知っていたが、後へ引くこともできないとわかっていた。

「よかろう！」リーアムはそう言って、無理にでも自信のある顔をしようとした。「ほう！来週、毎晩おまえがこの丘をあちこち歩いて、もしやつに出遭ってやっつけたら、五ポンドおまえに払おうじゃないか」そう言って、町から来た男はずるそうに笑った。「だが、おれはこのような賭けはしない方がいいと思うぜ。おれが勝っても、金をもらうつもりはないからな」

「どうしてだ」皆はたずねた。「リーアムを嘘つきにするつもりか」

「いや、そんなことはない。リーアムがやつと闘ったとしても、生きながらえて、その話を語ることなどきっとないぜ」

話はそこで終わった。次の月曜日、掛け金が集められ、親方が管理した。夕方、仕事が終わったとき、一緒に居ようかと言う友人からの申し出を全て断って、リーアムは独りで寝ずの番を始めた。彼が言うには、それは自分の戦いであって、他の者の戦いではないと。友人たちは言い張るほど馬鹿ではなかった。

月曜日の夜は何の出来事もなく過ぎた。火曜日と水曜日の深夜も同じように過ぎた。仕事の現場では、安堵の気持ちが広がり始めた。スピリジ・ナマールナンがいると考えることさえ嘲る声が聞こえてきた。「いやはや。もしやつがそこにいるとしたら、とっくに姿を現しているはずだ」

リーアムはこの変化に気づいていたが、素振りすら見せなかった。動じることなく聖なる仕事に専念している人間のようだった。木曜日に仕事を終えた後、自分の小屋に戻った。一方、他の者たちは散り散りばらばらにそれぞれの場所へと帰っていった。目撃者によれば、リーアムは確かに七時頃小屋から出ていった。しかし、その後に起こったことは、ただ推測するしかない。

金曜日の朝、男たちが仕事にやってきたとき、破壊の現場を目の当たりにした。ゴーツナグロスの山腹には、ハリエニシダの藪や若木が根こそぎにされ、散らばっていた。土手の傍らから大きな土の塊が引き剥がされ、金属のレールは、丘の下方三百ヤードにわたって、あり得ない形に捩じ曲げられていた。だが、リーアムについては跡形さえなかった。男たちは捜索隊を作り、四方八方に急ぎ散っていった。だが、捜すのに遠くまで行く必要はなく、おんぼろ小屋にいるのが発見された。弱々しく呻きながら、身体中に引き千切られた布が張りついた姿で。男たちは立ち竦んだ。頭の先から爪先まで、縦横無尽に醜いみみず腫れや十字型の模様がついていた。医療班が駆けつけ、すぐさまニューキャッスル救貧院に移されたが、二日間生きながらえただけだった。検屍官の判断によれば、彼の死はある種の鞭打ちによるもので、それ以上は確信を持って言えないということだった。

バールナの老人たちに意見を求めたら、即座に謎は解明されたことだろう。スピリジ・ナマールナンが尻尾でリーアムを打ちのめしたのだ。古老たちには、はっきりとわかっていた。尻尾の先の黒い部分が致命的な打撃を与えるのだ。何世代もの間、戯れて、同じやり方で百姓の干し草や畑のジャガイモをなぎ倒してきたではないか。

一ポンド金貨一〇枚がマウントコリンズにいるリーアムの両親に送られた。息子の死に対してはあまりにも少ない報奨金ではあった。鉄道敷設の労働者の仲間うちで、さらにもう四ポンドの金が集められ、彼の弔いミサに使われた。

バールナの丘からテンプルグランチンまでの鉄道工事の残りは、記録的な速さで完成した。労働者たちは、その侘しい場所をもう見たくないと必死に働いたからだ。ピッケルやハンマーの響き渡る音が鎮まると、バールナは沈黙と威嚇をはらむ雰囲気にまた戻った。公道は、以前と同じく、メアリー・ヒョックネシーが残忍に支配するままになっていた。

しかしながら、結局全ての物事には終わりがある。一世代後のある十一月の嵐の夜、ジョン・アハーンという靴職人が、インチボーンから例の道を急いでいた。妻が朝からずっとひどい病で危篤状態だった。夕方、ジョンの隣人たちは、ニューキャッスルウエストまでモイニハン医師を呼びに行け、そうしないと奥さんは朝が来る前に死んでしまうぞ、と説得した。ジョンは混乱し、興奮して馬に乗れる状態ではなかった。だが、隣人たちが鞍をつけた馬を貸し、一刻の猶予もないと言った。彼が中庭から出発しようとしていたまさにその時、一人の老人が手綱を鷲掴みにした。

「忘れずに持ったかい、ジョン」

哀れなジョンは、上の空だったので、ただこう言うだけだった。「ああ、今夜わしは何をしているのかわからん、一体、何をですか」

「これじゃ」老人は叫んで、靴職人ジョンの鋭い皮用ナイフのひとつを手渡した。「バールナを通り過ぎるとき、それをほしいと思うじゃろうよ。おまえさんをやっつけようと、やつがそこにいることもあるからな」

ジョンはその武器をちょっとの間、惚けた表情で見ていたが、鞍につけてある小袋にしまい込み、無言で馬を勢いよく走らせ去っていった。

暗い田舎を駈けていくとき、胸に渦巻く思いに半ば狂わんばかりになって、メアリー・ヒョックネシーのことはすぐに忘れてしまった。バールナの丘を越え、街に向かう急な下り坂になってはじめて、老人の警告がはたと蘇ってきた。突如強烈に。馬に拍車をかけたが、その瞬間、氷のように冷たい指に襟首を捕まれ、声が喉に詰まってしまった。一瞬にしてジョンにはわかった。スピリジ・ナマールナンだ！　動顛《どうてん》しないようにして、必死にバランスを保ち、鞍の小袋に入れたナイフを手探りした。だが、狼狽《うろた》えてしまった。ナイフがない！　スピリジ・ナマールナンが危険を察知して、取り払ったのか、あるいは、狭い道を気が触れんばかりに馬を走らせてきたので、落としてしまったのか。今ではそんなことはどうでもよかった。とにかく生きていることが大事である。恐怖がジョンに力を与えたが、馬は恐怖で泡を吹き、蹄《ひづめ》を激しく動かし、後ろ足で立った。ジョンはぶざまにも道路脇の排水溝に投げ出された。怪我があろうがなかろうが、這い上がり、馬めがけて走った。絶望的な足掻きだった。たちまち、スピリジ・ナマールナンが再び襲いかかってきた。爪は割けていて、陰鬱な口には怖ろしい笑みを浮かべていた。

はじめから勝ち目のない戦いであった。二、三分も経たないうちに、ジョンは怨霊のなすがままになっていた。再び排水溝に沈み込んでしまった。その鉄の両手がジョンの命を搾り取ろうとしていた。これで最後かと思った。しかし、その時家にいる病気の妻を思いだした。何とか声を搾りだそうとして、首を絞めている鋼鉄の手を緩めさせるために断末魔の足掻きをした。恐らく誰かわからぬ恩人の祈りのせいだろう。それはうまくいった。うまくいったのだ！　ジョンは彼女の名前を呼んでいた。「お願い、お願いします。メアリー・ヒョックネシー、神かけて、とりわけ今夜は私の命を助けてくだされ」その怖ろしい目にちかっと閃《ひらめ》くものが見えた。わずかに手が緩んだ。「うちのやつが病気なんです。今この瞬間にも死ぬかもしれん。今は医者を呼びに行く途中で。どうか行かせてくだされ。そうしたら必ず戻ってくる……おまえさんがせよと言うことは何でもする。どんなことがあっても、おまえさんを裏切るようなことはせんから」

メアリーの冷たい心の中のどこかに、明らかに人情の残り火があった。苦しんでいる同胞の女に対する同情の光が揺らめいた。彼女は首を絞めている手を緩め、記憶の中に残る人間の言葉ではじめて喋った。震え慄《おのの》いているジョンの耳には、その声は嗄れて耳障りだったが、彼の心には、その言葉は水晶のように澄みきって響いた。「今は、行け！　だが、一週間後、この時間、この場所に戻ってこい」

ジョンは何度も何度も礼を言って、お辞儀をし、メアリーの前から去った。それでも背中を向けるのを恐れて！そして、丘を慌てふためいて駆け下りた。一マイル先で、馬が草を食べているのを見つけ、鞍に這い上がり、モイニハン先生の所に着くまで、スピードを緩めなかった。彼は妻と同じくらいに、先生の助けが必要だった。この人のいい医者は、こんな夜遅くに煩わされることを喜ばず、バールナに向かうことを聞いてさらに機嫌が悪くなった。しかし、危害を被ることはないとジョンが必死に説得し、ついに医者は行くことに渋々同意した。

二人は無言で馬を走らせ、無事に村に到着し、病気の妻を救うのに間に合った。しかし、医者は一人でバールナを通って帰るよりもむしろ日中まで待つ、もちろん、慣れない手にまかせるには患者はまだ充分よくなっていない、と言った。人々はほっとし、誰一人医者の意見を悪く思うものはいなかった。

差し迫った危機を脱した今、ジョン・アハーンのメアリーと交わした約束が刻一刻と大きく怖ろしく立ちはだかり始めた。自分はどうすべきか。約束を破り、逃げ、隠れるべきか。これら全てのことが頭に浮かんでは消えた。たとえどこにいようとも見つかるだろう。

それを考えると、彼は眠れなくなった。グレイハウンド犬から逃れようとしているウサギのように。どんなに歩き回っても、頭の中でどんなに思いを巡らしても、解決策は見つからなかった。ついに絶望して、約束の日の二日前、教区の司祭の所に行き、全てを話した。

「大変なことになったな！」司祭が答えた。「難しい約束をしたものだ」

「でも、司祭さま。他にしようがなかったんで。約束するか、うちのやつが死ぬかのどちらかじゃったから」

「わかっておる。わかっておる、ジョン」それから司祭はしばらく黙って考えた。司祭が再び話し始めたとき、希望がジョンの心の中で僅かに沈み込み始めた。

「約束は守らねばならぬ。それだけははっきりしている。だが、一人でそこに引き返すと……」

「何が起こるか充分よくわかっとるんで。司祭さま、もうすでに一度あの目を覗き込んでしまったんで。そして、そこに何があったかわかっとるんです。でも今、あなたさまのような方が、一緒に行っていただけるんなら……」

司祭は含み笑いをしながら、いつもの元気がなく、鼻声で言った。「ジョン、もし私が少しでも役立つとしたら、頼まれなくっても行くよ。だが、私が行っても役に立たないだろうよ。モル・ヒョックネシーに対抗できる唯一の可能性は、新しく任命されたが、まだ人前でミサをあげたことのない司祭を見つけだすことだ。彼が君の頼みの綱だ」ジョンにとってそれは死刑の宣告と同じだった。「二日しか残ってないのに、どこでそんな人を見つけろというんですか」彼は泣き出さんばかりだった。「ジョン、君を助けられると思うよ。私に任せなさい。捜してみるよ」司祭が言った。

言葉もなく、見つかる兆しもなく、一日半が過ぎ去った。ジョンにとっては拷問の時だった。彼は諦めて一人でバールナの怨霊に立ち向かうつもりだった。しかし、運命の日の夜遅く、早馬の牽《ひ》く一頭立て馬車が司祭館の前に停まった。黒い衣装の若者が馬車から降り、小さなケースを下げて中に入った。一時間も経たないうちにジョンが呼ばれ、見知らぬ人に紹介された。言うべきことはほとんどなかった。教区の司祭がすでに必要な説明をしていた。最後の指示を二、三してから、司祭は彼らを祝福して送り出した。月明かりに照らされてバールナに向かう途中、二人はお互いにほとんど口を利かなかった。何気ない会話でさえもする気にならなかった。

ついに、丘の近く、鉄橋のすぐ傍の今は使われていない石切場で馬を繋ぎ、注意深く二人は前へ進んでいった。若い司祭はチョッキのポケットをまさぐり、懐中時計を取り出し、カチッと音をさせて開けた。「十二時十分前」不安を隠すことができない声で、若い司祭はぶっきらぼうに言った。「その場所を教えてください」ジョンは、どうにも押さえられない震えに取り憑かれている指で、その場所を指した。たちまち、若者は仕事に取りかかった。寒々とした薄明かりの中で、司祭が上着のポケットから取り出した大きな皮革装丁の祈祷書と瓶ひとつ。さらに隠し持っている三つ目の嵩高いもの。ジョンはぼんやりとその輪郭を辿ることができたが、何も質問せずに、辺りを神経質に見回し、何であるにしろ、今していることを急いでやってほしいと望むだけだった。若い司祭は瓶の栓を抜いた。

「これが何だかおわかりでしょう」若い司祭は囁《ささや》いた。「聖水です。全ての邪悪なものに対して我々を守ってくれるものです。お願いですから、今は静かに立っていてください」そして彼は道路に水で三つの同心円を描いた。その中心にジョンは立っていた。

「たとえ何があっても、そこから動かないでください。動いたら、助けられません」そして彼は、二、三ヤードほど離れた所に、自分自身のために一つ円を描いた。そして黙って、祈祷書の中から選んだ祈りの場所に栞を挟み始めた。

今のところ、二人は渓の上の方に物音をひとつ聞いただけだった。体重の重い動物が下生えを踏みつける音だった。神経が一本一本疼《うず》くほどに緊張して、二人は目を据えた。するとその時、それは彼らの頭上高くに突如現れた。月の光を浴びた蒼白いハウンド犬だった。猫のように機敏に、二人めがけて道に飛び降りた。司祭を威嚇するように睨みつけ、音もなく、ジョン・アハーンの方に足を向けた。彼の全身が震えた。もし司祭がその瞬間に祈祷書を読み始めなかったら、恐怖に慄いて倒れ込んでいただろう。まるで突き刺すように、醜い皺の寄った唇から歯を剥き出して、そのハウンド犬は獲物に向かって跳んだ。聖水で描いた外側の円に鼻を突きだしたが、それ以上は進むことができなかった。唸りながら、跳んで戻り、再びジョンの方に跳びかかろうとした。ジョンは縮こまったが、司祭は読み続けた。この二回目の跳躍は、もう少しで獲物に届くかと思われたが、二つ目の円がハウンド犬を阻んだ。その間ずっと司祭は、読むスピードを上げも下げもしなかった。ハウンド犬は、失敗したので甲高い吠え声をあげて、ジョンに向かって三回目の跳躍を試みた。外の円を二つとも飛び越えて、ジョンの喉から一インチ手前で急に止った。というのは、祈りの終わった司祭が後ろにいて、犬の尻尾の黒い先端を足でしっかり踏んでいたからだった。妨害され、苦しめられ、ハウンド犬は、向きを変えようともがいた。しかし、司祭の声は今や自信に満ち、夜のしじまに響き渡った。

「スピリジ・ナマールナン、おまえの時代は終わった。おまえの力は尽きたのだ」

二人の目の前で、それは変貌し始めた。犬から人の形、女の形を取り始めた。一週間前に彼の命を助けてくれたまさにその人だ、とジョンにはわかった。両眼は同じであった。今はその目を覗き込むことを彼は怖れた、というより恥じた。

「さあ！」司祭が叫んだ。「これを持って行きなさい」そう言って、ポケットからカップを取り出したが、それは普通のカップではなかった。底がきれいに削り取られている底なしのカップだった。「ロッホ・グル※に行きなさい。このカップでその湖を空にしなさい。それが終わったら、おまえの罪の罰として、男の一物で身体に青あざがつくまで自分を叩きなさい。もしそれで生き延びることができたら、川上に向かって流れる川に行って、傷を洗い流しなさい。これらの仕事をやり終えるまでは、決してここバールナに顔を見せてはいけない！」

スピリジ・ナマールナンには、逃れる術はなかった。甲高い叫び声をあげて、夜の空に火の玉となり、ロッホ・グルの方へ消えていった。今でも彼女はその湖を空っぽにしようとしているに違いない。その日から今日まで、彼女の姿をバールナで見かけることはないのだから……。

※　グル湖。アイルランドやスコットランドでは、湖をロッホと言う。

5　アリス・キツラー

アイルランドでは、他の国と違って、魔女や魔法使いの疑いをかけて火炙りの刑を執行する風習はなかった。滅多にないケースだったが、黒死病[※1]が猛威を振るった時代の少し前に、魔女裁判がキルケニーで行われた。正確には一三二四年のことである。

当時、アリス・キッラーという名前の女性がキルケニーの町に住んでいた。彼女は町では注目の的であり、立派な家柄の出でもあった。一族は銀行業を営んでいた。アリスは幼い頃から利発な子どもだったので、父親は毎日自分の会計事務所に連れて行き、娘に学ぶ気持ちがあれば学ばせた。当時としては異例のことであった。その場所で、彼女は金がもたらす権力と快適さを発見した。その教訓は良きにつけ悪しきにつけ、一生の間彼女の役に立った。彼女が父親の銀行で発見したもう一つのことは、自分が男たちにとって魅力的だということだった。年月が流れ、人目をひくほど美しく成長すると求婚者が群れをなしてやってきた。十六歳のとき、娘を溺愛する父親によって最初の夫が慎重に選ばれた。残念ながら父親の判断は間違っていた。新しい花婿はアリスよりもアリスの財産に関心があることがすぐにわかった。しかし、夫の思惑は外れた。結婚生活は僅か六ヶ月続いただけであった。新婚の喜びもほとんど味わうことがなかった。噂によれば、彼の命を奪った病気は肉体的な病気であるよりも、思うように財産を使うことができなかったことが原因であったらしい。だが、それは単なる世間の噂であって、確かなことは彼の結婚生活が短く、決して幸福ではなかったということである。

さらに、三人の男たちが矢継ぎ早にアリスと結婚し、この狂乱とも思える結婚から一人息子ウィリアムが生まれた。デイム[※2]・アリスは、息子を熱愛するあまり、両親をないがしろにした。その様子は、詮索好きな町の人たちに、よく知られていた。四人の夫の非業の死には、自然の力以上の何かが働いている、という噂が広がり始めた。いつの時代

※1　黒死病（ペスト）がヨーロッパに流行したのは、一四世紀で、人口の約三割を死亡させたと言われている。
※2　身分の高い夫人に対する尊称

でも、噂話というのは醜い結果を引き起こすものである。どこで始まり、どこで終わるかわからないからである。魔術が噂と絡み合うとき、危険で悪意あるものとなる。

デイム・アリス・キツラーは黒魔術の深い淵に首を突っ込んでいるという噂が、キルケニーの街角で囁《ささや》かれ始めた。それとともに、黄昏時に、背が高く黒い髪の男が、彼女の屋敷を訪問しているのを見かけたとも噂された。その男をアート・アーチソンと呼び、さらに大胆な者は、幼いウィリアムは、この世の者ならぬ父親の子どもだと仄めかしさえした。人々の考えていることははっきりしていた。つまり、わざわざ訪ねてくるのは他ならぬ悪魔だということだ。

アリスのような裕福で地位の高い女性が、たった一人の召使いしか抱えていないのも奇妙だと思われていた。召使いはミース出身のペトロニラという名前の女性だった。高貴な身分ではない女性までもが、召使いの数を競って見せびらかすご時世に、これは一体どういうことだ。気の毒に、ペトロニラは女主人を取り巻くさまざまな思惑に、いやおうなしに巻き込まれた。目立たぬように努力していたが、店や市場に姿を現すと、意地の悪いひそひそ話をされたり、ちらっと横目で見られたりした。

だが、今のところは、声を大にして堂々と対決する人たちもいなかった。レディ・アリスには多くの友人がいて、そのなかには位の高い人たちもいたので、確かな証拠もなしに非難の言葉を浴びせ中傷する者は、ただではすまなかった。さしあたり、隣人たちは女主人と召使いを避けるようにしていた。もしどちらかに話しかけねばならないときには、できるだけ少ない言葉ですますようにした。結果がどうなるにしろ、アリスと関わっていると噂されたくなかったのである。

一三二四年の五月のことだった。ある男がキエラン通りのアリス家の真向かいに住んでいた。丁度夜明け前に、はっとして目を覚まし、暗がりの中で耳を澄ました。

「何とも妙だな」彼は独り言を言った。人の声と引っ掻くような奇妙な音を聞いたと思ったからだ。身体をぼりぼり掻きながら、欠伸をして、聞き耳を立てた。また何か話している声がする！　すばやく起きあがり、ベッドから抜け出した。

「おやまあ！　なんと朝早くから良からぬ相談か。しかも、わしの窓の下で」男はぶつぶつと呟いた。

部屋をそっと横切って、窓辺の鎧戸をほんの少しだけ開け、覗き見た。奇妙な光景だった。そこには、華やかに正装した隣人のデイム・アリスの姿があったからだ。さらに異様だったのは、彼女の振る舞いだった。レディなら、そんなことをしている姿など決して見られたくない類のものだった。大きな台所用の箒で力強く石畳を掃いていた。男は目を疑い、言葉も出なかった。鎧戸をさらに少しずつ開けながら彼女を凝視し続けた。デイム・アリスは通りの遙か端から、低い声で何かを唱えながら、こちらへと向かってくる。男は吹き出しそうになった。聖カニス大聖堂の司祭たちから、何かの償いの苦行をさせられているのだろう。アリスが魔女だと噂されているのを、他の者たち同様にその隣人も耳にしていた。

あいつが、くるぞ！　だんだんと近づいてくる。ぶつぶつ唱えては掃き、掃いては唱えている。男は冷笑した。きっと祈りの言葉を唱えているのだろう。司祭の命令どおりに公衆の面前で唱えるのは、プライドが許さなかったのだろう。だが、掃いているのは？　男にはわけがわからなかった。男は眉をひそめた。なぜ通りの埃や屑を自分の家の玄関ホールに掃き込んでいるのか。アリスの言葉を聞き取ろうと首を伸ばすと、半ば開いた鎧戸に額が触れた。微かにキーと音がした。背筋が凍った。静まりかえった夜明けに、乾いた車軸が軋《きし》む音のように大きく聞こえた。しかし、デイム・アリスは音が聞こえたような素振りも見せず、ひたすら掃き続けている。今や灰色の薄明かりのなか、真向かいをアリスが通り過ぎるとき、言葉がはっきりと聞こえてきた。

「わが息子ウィリアムの家に、キルケニーの町の全ての富よ、来たれ」

「わが息子ウィリアムの家に、キルケニーの町の全ての健康よ、来たれ」

アリスが通りの端の方に急いで消えていき、そこからまた仕事を始めるのを見つめながら、妙な祈りだと男は思った。先ほどと同じく箒で掃いていた。箒の荒毛のザリザリいう音とアリスがぶつぶつ唱える言葉が、人気のない通りで不気味だった。男は震えた。寒さをはじめて感じた。アリスが最後の埃を家の中に掃き込むのを見ずに、彼はベッドの方に歩いていった。早朝の冷気とは関係のない冷たさが身体に滲みわたった。見てはいけないものを見てしまった。それは確かだった。その朝、再び眠ろうとしても寝つけなかった。

その後何週間かすると、キルケニーの善良な市民たちは、町の姿が変わっていくのに気づいた。奇怪な出来事が起こっていた。まともな事業が理由もなくたち行かなくなり、金銀宝石が安全な隠し場所から消えてしまった。物乞いや鼠さえも町を捨てたように思われた。人々は、得体の知れない目に見えないものが町全体を覆っているような陰鬱な気分になり始めた。

ひとつの家族だけがこの影響を受けていないようであった。アリス・キツラーと息子のウィリアムだった。町の人たちにはわからないことを、彼らは知っているかのようで、むしろ自分たちの状況に全く満足しているようだった。ウィリアムは、普段犯罪すれすれのことをしでかす手に負えない若者であった。そのため、友人たちから無法者ウイリアム※と呼ばれていた。事あるごとに母親の威光と金でいつも逃げおおせていた。しかし、今はふんぞり返って、傍に来た人皆にこう言わんばかりだった。「俺は天下の支配者だ。すぐにそうなる」

まことしやかな噂は、以前より深く暗く人々の間に浸透していった。「黒魔術だ！」湿っぽい路地で噂話が広がっていった。「悪魔の仕業だ！」聞く耳を持っている人には誰にでも、道路の丸石がひそひそと囁きかけた。しかもその数は多かった。人目を憚《はばか》るアート・アーチソンの姿を、人々は以前にもまして頻繁に目にするようになった。奇妙なことだが、その影のような存在を、人々は怖がると同時に納得もした。

こういう状況の真っただなかにあって、デイム・アリスの隣人は、五月の朝垣間見たことを胸にしまっておくことができなかった。最初に、彼の口からそのことを聞いたのが誰であったのか、今となってはわからないが、半日も経たないうちに蜂の巣をつついたように町中がその噂で持ちきりになった。ついに、その噂はトルセルの庁舎の部屋にいる市長の耳にも入った。この揉め事が、行政の舵を狂わせた。デイム・アリス・キツラーほどの力のある人間を敵に回したくないというのが、市長の思いだった。その一方で、市長としての責務が強い牽引力となった。このまま何もしなければ、最悪の事態になるだろう。長い間、政治の世界にいたので、それくらいはわかっていた。だが、自分よりも適切にこの問題を扱える人に、仕事を譲り渡す以外に現実にできることはほとんどなかった。

オソリーの司教リチャード・デ・レドレールその人に問題を託すことにした。それこそまさに市長がしたことだった。イギリス人で、フランシスコ会派の司教は、嫌悪感をあらわにして怒っていた。主教区でこの噂を最後に聞いたからであった。「なぜ今まで私の耳に入れなかったのだ。この野蛮な国！」

司教は書斎を行きつ戻りつしながら、声に出さずにその言葉を反芻した。居心地悪く、市長は司教を見つめ、目に見えない手の汗を搾り取ろうとするかのように、その間ずっと帽子を握りしめていた。

ついに司教は歩き回るのをやめ、断固とした表情で、ゆっくりと振り返り、市長に面と向かって言い放った。「何をすべきかわかっているはずだ！」

市長にはわかっていなかったが頷いた——自信ありげに。デ・レドレールは重厚な樫の木製のベンチの方へ大股で歩いていった。そこに乱雑に置かれた巻本の間から、優美な銀のベルを取りだし、ドアの方へ行った。片手でドアを開け、もう一方の手を振り、小さなベルを鳴らした。見るからに自然な振る舞いであった。ベルのチリンチリンとなる音は、薄暗い外の長い廊下に伝わり、その音が消えるか消えないうちに、修道士の粗末な衣服を身に纏った若い男が目の前に立っていた。手には書写用の道具と羊皮紙を持っていた。市長は以前この男に会ったことがあった。司教の書記だった。書写に優れ、頭のきれる男だ。リチャード・デ・レドレールは、頭の鈍いものたちを仕えさせることはめったになかった。もっとも、旅の途中で近づいてくる同類のものたちには、喜んで施しはしたが。その意味では司教は神の言葉に厳密に従っていた。魔術のことに関しては、特にそうだった。旧約の申命記には、黒魔術を使った

※　ウィリアム・アウトローは正式な名前であるが、もじって「無法者ウィリアム」と呼ばれていた。

者は、信者たちの間では容認できないと書かれているではないか。彼のすべきことは火を見るより明らかだった。

「私がオソリーの司教でいる限り、ここではこれ以上魔女行為は許さぬ」

司教は若者に書類が散らばったベンチに座るように仕草で示し、苛々しながら座る場所を作った。「これから言うことを書きなさい」彼は命じた……。

四十分も経たないうちに、伝令が司教の館からダブリンの方角へ早馬を走らせていた。革の小袋には手紙、耳にはまだ鳴り響く司教の言葉。「誰にも――いいか、誰にもだ――この文書に触れさせてはいかん！　大法官以外は。いいな」

伝令は言われたとおりに義務を果たした。ダブリン城の大法官の召使いたちには疎んじられた。なにしろ召使いたちは、品のない田舎者と大法官とを接触させないようにする特権が与えられていたのだから。大法官ジョン・ダーシーは司教の手紙を読んで、呻《うな》った。しかし、召使いをさがらせてから、はじめて自分の思いをぶちまけた。

「この大馬鹿もん、デ・レドレール！　つむじ曲がりの修道士め。よくもまあ、デイム・アリスに対する告発状を出したもんだ！　アリスが私の義理の妹だと知っているはずだ。試す気だな。動くかどうかを見ておるのだな。このような窮地に追い込んで、あの野郎に呪いあれ！」

リチャード・デ・レドレールが、故意に大法官を試そうとしたかどうかはわからないが、結果は同じであった。手紙が届けられ、読まれたその日から、司教は睨まれる破目になった。司教が館を出るときにはいつも、大法官のスパイが跡をつけ、ダブリンへ報告した。報告書には、不平や当てこすりや非難が記され、ついに判断を下すときになると、司教に好意を抱くものはほとんどいなかった。

一三二四年の夏、論議を引き起こしている教会の権限についての問題に決着をつけるために、司教はケルズの大修道院に呼びつけられた。行く必要などなかったのに、行ってしまった。議論好きの配下に命じ、先に行かせるべきだったのだ。しかし、司教はキルケニーとその威圧的な空気にうんざりしていて、青空の下で旅すれば心も安らぐであろうと思った。実際そうであった。司教は、プローモースを言って、※1あまり権威を表に出さず、論客たちとさえ上手く折り合いをつけた。プローモースとは不愉快なアイルランド語であるが、必要でもある。多くのアイルランド人はそれを気に入っている。

司教は三日間の文字どおりの休日らしき日を過ごした後、今ここにいる。夏の太陽の下、一面に輝くミースの平原を馬に乗って再び南へ向かっていた。しかし、その日のうちに、一団のさもしい顔つきの悪党たちに襲われた。剣に対して、召使いたちのロザリオ※2は何の役にもたたなかった。司教はすぐに囚われの身となった。

顎に無精髭を生やした蒼白い顔の背の高い男が、指揮を執っている様子で、命令を下していた。今、大胆不敵に司教の前に立ち、尊敬の気持ちも示さず、せせら笑って言った。「それで、あなたが我らが奥方さまを投獄したがっている賢いお方ですな？ じゃ、ご自分でそこがお気に召すかどうか、見ていただこうじゃありませんか、司教さま」

そこで、司教はミースの森深くに連れて行かれ、逃亡できないように鎖に繋がれ、ひどくみすぼらしい小屋に幽閉された。ほぼ二週間、残飯を食べさせられ、果てしなく嘲笑された。しかし、一度も彼の信仰が揺らぐことはなかった。いや揺らいだとしても、その事実をうまく隠しおおせた。彼が口を開くのは、暗愚な哀れな警備のものたちに対する祈りを捧げるときだけであり、「神の迷える羊」と呼んでいた。ついに祈りが叶えられる日がやってきた。警備の一人が、仲間ほど冷酷でなかったので、司教の勇気に感動して、他の者たちが眠っている隙に逃がしてくれた。森の道を案内し、公道まで連れ戻してくれたのだ。

二日後、キルケニーの門に入ったとき、司教はいくぶんほっとした。疲れ、衣服は汚れてはいたが、逃亡できて感謝していた。しかしながら、彼の災難は終わったどころではなかった。彼にはわかっていたのだ。休息を取った後、

※1　「お世辞」の意のアイルランド語
※2　カトリック教徒が祈りのときに用いる数珠

司教が最初にしたことはデイム・アリスと良からぬ行為で彼女に加担した者全員を破門することだった。そのなかには、アリスの息子ウィリアムと召使いのミースのペトロニナも含まれていた。ベルと聖書と蝋燭を手にして、町の人たちが大勢いる面前で、司教が公然と破門した。町の人たちは、彼の取った行動に大喝采を送った。自分たちのデイム・アリスに対する意見が、間違っていなかったことが立証されたのだから。

ダブリン城では、その知らせは歓迎されなかった。ジョン・ダーシーは逆上した。悪魔に取り憑かれた男のように、彼は喚《わめ》き散らした。今回は、ことを荒立てた浅ましい司教に対するだけでなく、軽率な行動をする義理の妹に対しても同じように腹を立てた。

「我慢できぬ！」彼は怒鳴った。「この事件にはもううんざりだ。今日この日に決着をつけてやる」彼は部下を呼び、語気荒く命令を与え、キルケニーに向かわせた……。

デ・レドレール司教がその日の夕べの祈りを終わるか終わらないうちに、玄関ドアの方角から、手甲をはめた手と剣の束で玄関のドアを叩く音が聞こえてきた。玄関のドアを開けた召使いは、脇へ押しやられ、突如、二十人の武装した男たちがこの館の主の住居へ進入してきた。この陰険な風貌の輩たちはまちがいなくダブリンの犬だ。彼らの指揮をしている男は、ぶっきらぼうで、せっかちな男であった。

「オソリーの司教だな。間違いないか」

「はい。そうです。だが、あなたはどなたですか。ずいぶんと無礼な物言いですね」

「我々が誰であるかは問題ではない。我々と一緒に来なくてはならんのだ。さあ、来るのだ！　召喚されている。それだけだ」

このような男と議論しても無駄だ。服の着替えもできずに、ダブリンへと彼は追い立てられた。再び囚われの身となり、前回と同じだけの期間幽閉されることになるだろう。司教は捕縛者たちから情報を得ようとしたが、無駄だった。頼みも脅しも何の功も奏さなかった。彼らは言葉もなく道を進んでいった。ただ情け容赦のない目が、あちこち射るような視線を投げかけるので、彼らの正体がわかった。

ダブリンの通りをカタカタ音を立てながら小さな馬車隊が進んでいった。好奇心を持って立ち止まり眺めた人は一人のみならずいた。しかし、いつもの金持ちの大旅行に過ぎないのだと思った。もはやレドレールは苦情を言わなかった。それよりも、このように無礼に自分をここに連れてきた者たちをこっぴどく非難する言葉を頭の中で繰り返し考え抜いていた。姿の見えない敵の面前に直接連れて行かれると予想していたとすれば、それは大いに間違っていた。ジョン・ダーシーは対等な立場で司教に会うなどと考えてもいなかった。まず、裁判にかけることにした。頑迷さは、頑迷さによって対処されることをわからせたらいい。そこで、司教をダブリン城からさほど遠くない頑丈な造りの屋敷の地下に連行した。司教はひどく暗い地下牢に投げ込まれたものだから、暗闇に目が慣れてきても何も見えなかった。令状もなく十七日間拘留され、生きている者から話しかけられることはなかった。司教に食事を持ってきた者たちは、一言でもしゃべると拷問にかけると警告されていた。彼らはそれに従っていた。

司教は二度と日の光を見ることがないのでは、と怖ろしくなった。「野蛮な国。野蛮なやつらめ！」アイルランドに来てから初めてではないが、そう呟いた。しかし、暗闇の中で、このように彼を苦しめているのは、恐らくアイルランド人ではなく、自分の国の人だという思いが時々脳裏を掠めた。この窮状とその原因について考えれば考えるほど、疑いの矛先はジョン・ダーシーに向けられていくのだった。その点、確かに彼は賢明であった。再び自分自身の祈りが功を奏したのか、あるいは友人たちの努力が実を結んだのか、十八日目に独房のドアがさっと開いた。そこには太った顎を緩ませて、大法官ジョン・ダーシーが立っていた。

「司教さま！」大法官が大声を出した。「あなたがお元気で何よりです。昼夜を問わず、我々は探索し……」

司教は口を開かなかった。子どもでさえ、彼の命令だったことはわかる。何も知らなかった振りをして、この男は厚顔無恥にもよくぞここに立っていられるものだ。自分のまわりの者たちは、おつむが弱いとでも思っているのか。長い間ほんの僅かな光も奪われていたので、独房に入り込んでくる光は微かであったが、司教には真昼の太陽の輝きのようだった。大法官の流暢な雑言に気後れして、日光の不意打ちを食らった司教はその場に釘づけになった。しかし、その時はじめて、そこに誰かもう一人別の人物が立っているのに気づいた。じっと見つめていると、旧友の聖パトリック教会の修道院長の姿が目に入った。あり得ないようなことだが、確かにその人だった。その人が現れるなどとは、ほとんど奇跡に思えた。一体これはどうしたことか、と訊ねようとしたその時、修道院長が口に指を当て、戒めた。ジョン・ダーシーの後ろにいたので、ダーシーには気づかれなかった。いずれにせよ、この出来事に対する説明は、もう少し後でするとしよう。

ゆっくりと風呂に入り、衣服を着替えた後で、司教は大法官との面会を断った。釈放を神に祈らなくてはならないという口実を設けた。その夜遅く、彼は特別に大司教の館に招待された。そこには大司教配下の司教総代理である修道院長がいた。そこで、司教は今回の釈放へと至った出来事についてはじめて知った。司教が連れ去られたとき、司教の忠実な書記が密かに跡をつけた。主人がダブリン城へ入り、また出てきて、近くの屋敷に入ったのを見て、何か不都合なことが起こっていると気づいた。来る日も来る日も何か合図があるかと待っていたが、無駄だった。なす術《すべ》がなくなって、彼はついに大司教の館へ行った。話を聞いてもらえるなどとはとうてい思いもしなかったが、修道院長に聞いてもらえた。しかも思いやりを持って。若い書記がキルケニーで何が起こっているかを話すと、修道院長はひどく衝撃を受けた。すぐに大司教に報告され、大司教の力が決定要因になった。大法官でさえ大司教の力には逆らえなかった。こういう次第で、司教の釈放となったのである。

今度はデ・レドレールが話す番になった。仮借のない言葉で、だがキリスト教の慈悲の範囲内で、最近の出来事について語った。大司教は、一語一語聞き漏らすまいとして、熱心に耳を傾けた。聞けば聞くほど怒りが募り、ついにもうこれ以上聞きたくないと思った。

「つまりこういうことだな！ 司教が自分の教区で安全に出歩けない。昼日中でも泥棒や追いはぎや魔女が襲いかかってくるということだな。だが、もうそうはさせない！ 彼らは安寧秩序の限界を超えたのだから、責任を取ってもらおう。教会がきちんとした規範を打ち立てねば、示しがつかない」

大司教は、早急に特別法廷をキルケニーで召集するように命じた。魔術で告発された全ての者を取り調べるためであった。命令が忠実に守られたので、ジョン・ダーシーでさえ今回はデイム・アリスを庇護することはできなかった。実のところ、彼自身が咎めを受けただけで、取り調べがおよばなかったのは運が良かった。

リチャード・デ・レドレールは、英雄のように歓迎されてキルケニーに戻った。人々が沿道に並び、その列は町まで続いた。古い街道は歓迎の男女や子どもで埋まった。人々は彼に向かって花を投げ、緑の枝葉が彼の歩く道に敷き詰められた。凱旋だった。沿道の人々に感謝の手を振ったけれども、誰が苦しい試練から無事に救ってくれたかを知っていたので、自分の家にも寄らず、聖カニス大聖堂にまっすぐ向かった。そこで自分の幸運に感謝の祈りを捧げた。大群衆が大きな行列をなして後に続いた。全ての人が上機嫌で、古い教会の壁はその日喜びの賛美歌で鳴り響いた。

司教が大いに満足したのは、告発された三人全員が即座に逮捕されたことだった。つまり、デイム・アリスと息子のウィリアムとペトロニラの三人が。彼らは今キルケニーの監獄に入れられ、ダブリンから判事の到着を待っていた。一週間以内にやってきた。厳格な顔をしていて、禿頭で、太っていた。一目で学問を積んだ人の相貌だと一同は納得した。彼が裁判の日を決め、陪審員を登録するように命じた。それから自分の部屋に閉じこもり、人を遠ざけた。司教でさえも。

指定された日、裁判所は窒息するほどの人々で混雑した。町中の重要人物、特に被告人の闇の行為によって損失や危害をこうむったと思っている人たちが全員やってきた。蒸し風呂のような部屋で、人々は興奮してどよめいた。まるで蜂の巣をつついたかのようだった。しかし、判事が入ってきて、ようやく鎮まった。いつもの形式ばった開廷の挨拶はあっさりと終わり、全員が待ち望んでいた瞬間がやってきた。囚人たちが入廷してきたのだ。一人ずつ、二人の警備兵が両脇について入ってきた。この日のために服を着替えることは許されなかった。それは少なからず驚きであった。というのも、傍聴者は、素晴らしい衣装を纏ったデイム・アリスしか見たことがなかったからである。今着ている服は素晴らしいとは言いがたかったが、それでも誇り高く頭を高く上げ、自分の席まで歩いた。何事もなかったかのように座った。ペトロニラはそうはいかなかった。見るからに恐怖に駆られていた。ウィリアムについては、言葉では言い表しがたい。彼は引きずられて入ってきた。混み合っている傍聴席で、人々はぞくぞくしていた。いよいよ最高に面白い裁判が始まろうとしている。

判事からの合図で書記が立ち上がり、前へ進み、分厚い羊皮紙を開き、読みはじめた。皆が一言も聞き逃すまいと耳をそばだてた。「デイム・アリス・キッラー、人間の知識では間違いなく知りえないものに触れたが故に、またそれによって神の掟と、この世の掟を犯したが故に、あなたはここにいるのだ。神と判事を納得させるために、ここに自らの弁明をするように命ずる」その後、彼女が告発されている罪の長い目録が読み上げられた。それは、群集の反応から判断すれば、大層感動的な目録であった。新しく罪が暴露される毎に、ひそひそ声が湧きあがり、書記の言葉を掻き消すほどだった。次の罪が読みあげられているときのみ、その声はかろうじて鎮まるのであった。

「さて」書記が読み終えると判事が言った。「この忌むべき告発に対して、あなたの抗弁はありますか」

アリスはそれに対して一言も答えなかった。その後、どんな尋問を浴びせられようとも、傲慢に構え、返事もせず、いかなる抗弁もしなかった。集まっている人々を冷たい眼差しで眺め渡す以外は微動だにしなかった。

「よろしい」判事が言った。「あなたの頑迷な意志を曲げられるやもしれぬ。証人を中へ！」

証人――まさしくアリスの隣人のあの男――が証人席へ導かれたとき、人々が興奮してざわめいた。隣人は、被告人からまじまじと見つめられ、居心地が悪そうだった。彼が神経質になって怖がっているのが、誰の目にもありありとわかった。ゆっくりと回り始めた正義の歯車は、もはや止められない。判事の要請により、証人はあの五月の朝に目撃したことを話し始めた。その間ずっとデイム・アリスの厳しい目が注がれていた。揺るぎなく睨みつけられて、言葉がつかえ始め、判事から厳しい声で数回命じられた。「証人！今言った言葉を繰り返しなさい。ぶつぶつ言うのはやめなさい。ほとんど聞き取れないではないか」

哀れな男は必死だった。身もだえし、汗びっしょりになっていた。「閣下、あの方はこのように言ったのでございます。『わが息子ウィリアムの家に、キルケニーの町の全ての健康よ、来たれ』そう言いながら、自分の家の戸口まで、通りを掃いていました」

傍聴席からの不満のざわめきがまた泡のように湧きあがり、前よりも大きくなった。しかし、前列の椅子から突然デ・レドレール司教が立ち上がると、その場は静まりかえった。

「まさしく」彼は大きな声を出した。「それ以来、邪悪な策略が実を結ぶようになったことを神かけて誓って言える人がこの町にはたくさんいます」

傍聴席の多くの者が頷いたので、判事にはそうだとわかった。もう一度被告人の方を振り向いて言った。「デイム・アリス、今この告発に抗弁した方が身のためです。命を落とすことになりますぞ」

それでも、彼女は一言も発しなかった。

判事はだんだん苛立ってきた。彼は椅子の下に手を伸ばし、四角い黒い布※を引っ張り出した。

「これの意味を知ってもらわねばな」

たとえ知っていても、アリスは表情ひとつ変えなかった。判事は続けた。

「私の本意ではないのだ。ひとたび私が魔女と宣告すれば、あなたの運命は封印されるのですぞ。今のうちに、罪を告白なさい。ことによると、慈悲と赦《ゆる》しが認められるかもしれませんぞ」

判事の側としては、正当な助言であった。明らかに、彼女の地位に敬意を払っていた。小心者であったら、あるいは、もっと罪を犯した人なら、進んでこの機会に飛びついたことであろう。しかし、デイム・アリスは違った。ただ、

※　裁判の判決に使われた。これを頭の上に置くと死刑判決を意味した。

わずかに微笑んだので、彼女が判事の言葉を聞いていることはわかった。

苛立ちを隠すことができなくなって、判事は全ての人に見えるように、とても慎重に黒い布を頭の上に置いた。「それならそれでよい」彼は由々しく言った。そして、次のように判決を下した。一週間後、囚人は監獄から公の処刑の場に連れ出され、その場で、法の厳しさを受けとめることになる、と。

ペトロニラは無実を訴え続けたが、怒った判事が同じような判決を彼女にも下した。陪審員は、ほぼ無用であった。しかし、ウィリアムは死刑を言い渡されなかった。彼は、母親の邪悪な行為については何も知らないと主張した。さらに、母親の罪を糾弾し、被害をこうむった全ての市民に賠償を約束した。デ・レドレール司教に、もし無礼があったとしたらその許しを請い、それ以後は善行を積むと約束した。違反すれば、財産を全て没収されるのを覚悟のうえで。

司教はこの突然の変節にも動じなかった。自分の命を救うためには、藁《わら》をも掴もうとする溺れかかった人間にしか見えなかった。だが、判事は好意的だった。その朝、ダブリンの大蔵大臣直筆の手紙を受け取っていたからであった。手紙では、「我が友、ウィリアム」の安否を尋ねていた。死刑を免除して、その代わりに五百マルク※の罰金を科すようにと命じてあった。その半分をダブリンの大蔵省に支払い、残りは、聖カニス大聖堂の屋根葺き用鉛板の購入費用とするようにと記されていた。最近、大聖堂の屋根は、緊急に修理する必要があったからだ。司教でさえも、そのことに異議を唱えることはできなかった。結局、それを受け入れることによって民衆から寄付を募るという不愉快な仕事をしなくてすむからである。司教は、ウィリアム・アウトローが自分の義務をきちんと果たすとは、残念ながら思っていなかった。

閉廷され、警備兵が呼ばれ、囚人たちを地下牢へ連れて行くように命じられた。デイム・アリスは乱暴に引っ立てられた。「さあ、マダム。あなたの住処がお待ちしています」しかし、連れ去られる前に、アリスはその日はじめて、脅かすように隣人を指さし、一気にまくし立てた。「おまえ、一週間後に私の死を見られるなどと思うでないぞ！」

それから、群集を指して、「そう、今日この裁判を見て楽しんだおまえたちもだ」

次の言葉を言う間もなく、死刑囚独房へと引っ張って連れ去られた。ペトロニラもまた。ほんの少し前に何百という声が泡のように湧きあがっていた場所は、しんと静まりかえってしまった。

キルケニー監獄の死刑囚独房は、快適さを考えて作られてはいなかった。夏の最も暑い日でさえ、分厚い石壁は湿気ていて、太陽の光が冷たい床に差すことはなかった。壁の上部にある格子をはめた小窓は、そのように設計されていた。家具はなかった。三本脚のスツールと片隅に置かれたかび臭い藁のベッドがあるだけであった。この緑の大地に生を受けながら、ここで最後の日々を送った多くの惨めな者たちの心をひどく悲しませた場所である。今、デイム・アリスとペトロニラはぞんざいに監獄に押し込まれ、鉄の扉が軋って閉まった。二人だけになった。看守たちは、処刑の瞬間まで二十四時間ずっと外の廊下を行ったり来たりするだろう。

裁判を傍聴していた人たちは散っていった。飲み屋に行く者もいれば、家に帰る者もいたが、全員がその日の出来事を心の中で再現していた。証人台に立った隣人は、酒飲みではなかったので、司教と一言二言話した後、急ぎ家に帰った。ウィリアム・アウトローが、すでに母親の家の窓辺に立っているのを、ちらっとさえ見ることもできなかった。外の扉を念入りにロックし、閂《かんぬき》をかけた後、男は私室に入り、跪《ひざまず》き、全ての悪から守ってくれるようにと神に祈りを捧げた。

その夜、男はいつもの時間に夕食をすませ、早く寝た。しかし、真夜中に鋭い悲鳴を上げ、突然目覚めた。ナイフを持った目に見えない多くの手で攻撃され、腹や胸に突き刺すような痛みが次々に走った。彼の悲鳴で召使いが目覚め、叫びながら傍《かたわ》らに走ってきた。「ご主人さま、ご主人さま。一体何がお苦しいのでございますか」

「あいつらのナイフが……私を刺すのだ！　助けてくれ！　守ってくれ！　お願いだ」

※　昔のイングランド・スコットランドの通貨単位で、三分の二ポンド

「誰ですか。ご主人さま、誰のナイフですか」

「アリス・キッラーと暴かれた悪魔どもだ！　司祭と友だちと医者を呼んでくれ。早く！」

司祭や友だちや医者がベッドから叩き起こされ、男のベッドの傍らに連れてこられたが、医者は為す術もなく、司祭はさらに何もできなかった。哀れにも、その隣人は翌日の陽の光を見ることはなかった。恐怖で大きく目を見開いたまま死んだ。まるで悪魔の顔を覗き込んでいるかのようだった。

デイム・アリスはこのことについて何か知っていたとしても、話す気はなかった。何度も問いただされたが。こうして日々は過ぎ去った。日が経つにつれ、安堵の気持ちは露と消え、再び不吉な霊気に町中が覆われているように感じられた。落ち着きなく、人々は今か今かと待ち続けた。ついに運命の日の朝、市長は見事な式服を纏って、トルセルの庁舎から足を踏み出した。その後ろに、リチャード・デ・レドレールが続いた。彼もまた、この出来事のために正装していた。リチャードがいなかったら、市長は職務を即座に断ったであろう。その結果がどうなろうと。今、死の宣告が書かれている羊皮紙の巻物を解く市長の手は小刻みに震えていた。

市長が宣告文を読み上げているとき、姿を見に集まってきた町の人はほとんどいなかった。気概のある人だけが、敢えて外に出たが、たいていの人は分別を持って閉めたドアやシャッター越しに、市長のゆっくりとした言葉を緊張しながら聞いていた。彼は読み始めた。「神の御恵によりキルケニーのこの町の市長である私は、教皇と国王の名において、デイム・アリス・キッラーとミースのペトロニラを処刑の場に連れ出すことをここに命令し、法廷の判決が遂行されることを全ての人に知らしめる！　警備の者！　ミースのペトロニラを連れてきなさい！」

警備兵はガチャンと鍵を開け、監獄の暗い内部に入っていき、看守に囚人を引き渡すように命じた。「覚悟しておけ、次はおまえだ、デイム・アリス・キッラー」惨めな召使いを外に連れ出しながら、愚弄《ぐろう》して言った。しかし、アリスは気にも留めず、まるで何かを目論んでいるかのように、格子窓をひたすら見つめていた。

ペトロニラは死人のように蒼ざめていたが、殉教者として試練の最後まで一度も慈悲を求めず、女主人を非難する

 こともなかった。火刑柱が永遠の国へ至る入り口の門のように立っている所へ彼女は連れ出され、すばやく頑丈に縛りつけられた。火花が飛び一筋の煙が立ち上り、瞬く間に炎がパチパチ音をたてながらよく乾燥した積み薪に燃え広がり、彼女の方へ舐めるように登っていった。人間の忍耐の限界まで彼女は歯を食いしばり、黙って耐えた。だが、ついに耐えられず、断末魔の叫び声が狭い通りを木霊しながら駆け抜け、聖カニス大聖堂の壁に当たり、また木霊となって穏やかなノア川の水の上を駆け抜けていった。秘かに聴いていた者は震えた。その怖ろしい叫び声に、迷った魂が永遠の暗黒の世界に落ちていく恐怖を聴き取った。潔癖な人たちは、事件の成り行きの野蛮さに疼くような嫌悪感を覚えていた。多くのほかの者たち同様に、彼女も監獄に入れたままにしておけなかったのか。そうすればじきに忘れ去られてしまっただろうに。

ペトロニラのこの世との過酷な別れは、すぐに終わった。火刑の火は燃えさしになるまで放っておかれたので、肉の焼ける臭いだけがしばらく立ち込めていた。見ていた人のなかには思わず祈る者もいた。ペトロニラのことはよく知っていた。女主人に命じられた急ぎの用を足している彼女に、ほぼ毎日町で出会ったではないか。日曜日に教会で頭《こうべ》を垂れて祈っている姿を見かけたではないか。懇意にしていた者さえいた。今、死んでしまった。この上なく怖ろしい死に方で。彼らの思いは、市長の声で遮《さえぎ》られた。市長は儀式張った声で、全く同じ言葉を再び読み上げていた。ただ、最後が違うだけであった。「……警備の者！ アリス・キツラーを連れてきなさい」

あの木偶《でく》の坊《ぼう》みたいな男たちは、もう一度市長の命令に従うべく、ドシンドシンと音を立てながら去っていった。指揮を取る隊長が先頭に立って、肩で押し分けるようにして横柄に監獄に足を踏み入れた。被告人のいる独房に続く薄暗い通路に入ってきたときにも、彼はまだ大股で威勢よく歩いていた。その時、無意識のうちに顔を顰《しか》め、ずっしりとした皮の胸当ての上から中指をいれ、首元を空かした。ここはひどく暑い、と彼は思った。感覚が伝えている重大さを呑み込めず、頭は遅れを取っていた。「大変だ、火事だ！」背後からの怒鳴り声で、はっと我に返った。鞭で打たれでもしたかのように、隊長は身体を動かした。考えと行動があっという間に結びついた。独房の鉄の扉に跳びかかり大きな取っ手を掴んだ。そのとたんに金切り声を上げ、罵声を吐きながら飛び退いた。手の指の皮膚は真っ赤に焼けた鉄の扉に張りついたままだった。蹲《うずくま》りながらも、傷ついた手を身体の脇へぎゅっと押しつけていた。混乱して、ののしりながら、喚き散らし、命令していた。「バケツを持ってこい。水を持ってこい。水を扉にかけろ」武器を脇へ投げ捨て、人間の鎖がその狭い場所に作られた。水の入った最初のバケツが現れ、金属の扉に水がかけられたのは、五分も経ってからだった。シュルッ、シュルッという音を立て、爆発するような水蒸気の大波が渦巻き、扉が見えなくなり、皆は窒息しそうになった。

「もっと、もっと！　速く！」混乱の最中、隊長の声が響きわたった。何杯もバケツの水が同じ扉にかけられた。ついに、熱が少し収まったように見えた。その時になって、はじめて手を休め、もっとよく見ようと近づいた。だが、その扉に手を触れる勇気のある者は、誰一人としていなかった。

「さあ、馬鹿者ども！」隊長が怒鳴った。「市長さまがお待ちだ」「おい、伍長！　鍵を試して見ろ。扉が開くかどうかやってみろ」

男は、不愛想に渋々ながら命令に従った。隊長の手がどうなったかをつぶさに見ていたので、同じ苦しみを味わいたくはなかった。彼は素早く敬礼して、長手袋をはめ、慎重に手を伸ばした。取っ手も扉そのものも黒く焼け焦げていたが、全ては正常に戻っていた。ほぼ正常に。彼は、ほっとした。重い閂を引っ張り抜こうとしたが、どんなに力を振り絞っても、一インチも動かせなかった。二人の男の力をもってしても。三人でも。

その時、汗を流し、唸り声とともに奮闘している連中の上に、声が飛んだ。市長からの使いであった。

「一体全体、隊長殿、手間取っている理由は何ですか。市長閣下がお待ちです。司教猊下もです」

悪態をつきながら、隊長は使いの者にその理由を急いで知らせた。話しているうちに、怒鳴り声に変わってしまった。「おい、おまえら。鍛冶屋を探せ。一番重い大槌を持って来させよ。行け！　今すぐ！」

頑強な大男の鍛冶屋が、しぶしぶ片足を引きずりながらやってきた。他の者と同じく、今日の出来事を安全な所から見ることに満足していたのだが、今はその渦中にいた。

一番苛立っていたのは、司教だった。少なくとも、それだけは隊長に伝えられた。だから、鍛治屋への命令は短く、厳しいものになった。「いいか、全力で叩け！　この扉を叩き壊せ！」

鍛治屋がその金属の扉を矯《た》めつ眇《すが》めつ眺めだすと、人々は後ろへ下がった。それから彼が良い方の足でバランスを取って、一撃を加えた。バンという音に、皆は飛び上がった。認めたくないほど臆病になっていたからだ。慣れた手で叩く雷のような轟が、規則正しく響いた。槌の鋭い音は通りで聞き耳を立てている人にも、見えないように隠れている人の耳にも、またペトロニラのくすぶっている燃えさしを横目で見ている市長の前に集まった人の耳にも届いた。

リチャード・デ・レドレールは、これ以上待っていられなかった。「一体全体」彼は罵声を浴びせた。「このひどい音は何だ」彼は市長の傍から苛立って飛び出し、監獄の方に大股で歩き出した。答えてもらわねばならない。さもないと、デイム・アリス以外の者たちが苦しむことになる。

その答えは得られたと言ってもいいだろう。というのもその瞬間、鍛治屋の大槌が強情な金属に最後の一振りをしたところだったから。突然、鉄の蝶つがいのひとつが大きな脇柱から跳ね飛び、扉は内側に酔っ払いのように力なく傾いた。勝利の雄叫びをあげて、兵士たちは武器を構えて、小さな部屋になだれ込んだが、そうする必要などなかった。独房は空で、アリス・キツラーの髪の毛一本見つからなかった。焦げたスツールの残骸と隅に一握りのくすぶっている藁の束があるだけだった。彼らは恐れ慄《おのの》いて、あちらこちらを見回したが、不意をつかれて、話すこともできなかった。壁の上の方、ほぼ石造りの天井まで、彼らの目は焦げた形跡と煤《すす》の跡を辿った。隊長は窓を指さした。彼が狼狽《うろた》えているのは確かだった。「どうやって……？」その問いは宙に浮いた。最後まで言う必要はなかった。答えはわかりきっていたからである。鉄格子の窓は頑丈にそこにあった。そこから誰かが逃げたということはありえない。それだけは、はっきりしていた。

「司教を！　今すぐに司教をお連れしろ」隊長が小声で命令した。まだ信じられず、目は例の窓に注がれていた。「これに答えられるのは……」彼の話は遮られた。廊下がざわつき、急いで、偉い人に道を空けるような物音がした。リチャード・デ・レドレールであった。苛立ちと怒りがありありと顔に出ていた。

「ここを指揮しているのは誰だ」司教は噛みつくように言った。返事も待たずに畳みかけた。「囚人はどこだ。なぜ連れてこられないのだ」

隊長が彼に面と向かった。返事をしたときには、狂気ともとれる薄ら笑いを浮かべていた。「そのような問いに答えられるのは、猊下のみです。私には答えられません」

司教は明らかに不意を突かれた。辺りを見回した。途方に暮れ、困惑している兵士たちの顔。わずかに敵意を見せる隊長。壁。窓。煙の臭いが鼻孔を刺した。頭は、この奇妙な光景を説明するのに適切な言葉をまさぐっていた。全ての目が司教に注がれていた。好奇心と期待に膨らんで。長年の地獄の火と天罰についての説教が、今こそ、彼を支えようとしていた。初めのうちは、訥々《とつとつ》ではあったが、やがてよどみなく自信を持って話した。司教の怒りは消えていた。ここに神の意志が実現したのだ。敬虔な信者に目撃されて。自分自身の目で見たことを信じない者がいようか。頭の中では、いろいろな可能性や推測が渦巻いていたけれども、司教は話し続けた。「……それで、諸君、ついに彼女の所に馴染みの悪魔がやってきたとしか考えられませんね。悪魔は自分の同類を知っているとはよく言ったものです……」

人々の頭が同意して頷いた。確かにそういうことだった。司教には、そう断言する権利があった。この偉大な救済に少しでも役だったことで、人々はある意味で満足し、誇りに思った。

司教には、もう一つ喜ぶ理由があった。館へ歩いて帰りながら、ウィリアム・アウトローの罰金のことを思い出したのだ。新しい屋根が、間もなく聖カニス大聖堂を飾ることになるだろう。ウィリアムにその日のうちに罰金を思い出させようと決意をした。だが、その必要はなかった。驚いたことに、彼は約束の二倍の鉛板を提供さえした。その上、それを敷く仕事の監督を自ら務めた。人々は戸惑ったり、驚いたりした。

「きっと母親の悪行については何も知らなかったんだ」というのが、キルケニーの街中や居酒屋では一般的な意見になった。司教も含めてだが、疑い深い人たちのなかには、首を振ってこう呟く者もいた。「親が親なら、子も子さ」ウィリアムのしたことは立派であった。しかし、疑い深い人たちは、一三二一年五月二十二日に聖カニス大聖堂の大部分が、鉛の重さのせいで崩壊したときに、静かに物知り顔に笑った。欠陥建築か。あるいはアリス・キツラーの秘密裏の仕事を邪魔した者に対して、彼女が最後に笑ったのか。

恐らくリチャード・デ・レドレールは再び答弁できたであろう。しかし、その時までには、より高い地位の、よりよい仕事に就いていたのである。

あとがき

エディ・レニハンさんが奈良に来られた二〇一六年二月からすでに三年が経ちました。奈良アイルランド語研究会が開催した語りのフェスティバル「奈良とアイルランドの民話語りフェスティバル」に招聘し、生駒、奈良、京都、広島、東京で公演していただきました。東京では、アイルランド大使館にも招待され、大使館や都内の学校で子どもたちに楽しいお話を聞かせていただきました。

その年から英語で書かれた本『アイルランドの怖ろしい女たち』の翻訳を始めることを決めました。しかし、遅々として進まず、発行が大幅に遅れました。アイルランド特有の表現があり、文化の違う私たちには理解しにくい箇所もありました。そういうときには、迷わずレニハンさんに質問をしました。メールで送ると、なかなか返事のこないこともありましたが、辛抱強く待ちました。レニハンさんは典型的なアイルランド人ですから、気が向けばその日のうちに返事を頂けました。語りの旅などでお忙しいときには、一か月以上待つこともありました。長い間沈黙を守っておられたレニハンさんのメールの書き出しはいつもこうです。「僕が死んでしまったと思っていることでしょう。でもちゃんと生きていますよ……」いえいえ、とんでもない。辛抱強くお待ちしておりますよ。

幸いに、グループの一人、福本洋が二〇一六年と二〇一七年の夏にアイルランドを訪れ、本文に縁のある場所を訪問し、関係資料を入手しました。本文中のややこしい箇所や難しい点に関しては、レニハンさんに直接お聞きすることができました。また物語の舞台となっているいくつかの場所もご案内いただきました。お忙しいなか、ご案内の時間を取っていただいたレニハンさん、奥様のメアリーさん、ご子息のキースさん、ご友人のマイクさんには心からお礼を申し上げます。

原作はしばらく絶版になっていましたが、今年再販されました。装幀なども新しく変わりました。

『アイルランドの怖ろしい女たち』のなかで活躍する女傑たちは、表現に苦しむほど怖ろしいことを企て、アイルランドの社会に一矢報いようとする逞しい女性たちです。日本人の私たちからすれば、残虐無情な女性のようにも思えますが、アイルランド人にとっては、誇りとする英雄のようです。歴史上の人物でもある女性たちについては、読者にわかりやすいように物語の構成を考えられた、ストーリーテラーとしてのレニハンさんのお話に引き込まれます。イギリスの圧政下にあり、女、子どもは言うに及ばず、男性も人間として扱われないような過酷な時代に、敢然と立ち向かった女性たち。グループで訳しながら、話し合うなかで、どうして、こんな目に遭わなくてはならないの？という気持ちはいつも湧き上がっていました。怖ろしい女たちの哀しみは、レニハンさんの筆を通してひしひしと伝わってきました。

序文に大方のことはレニハンさんご自身が述べられています。私たちにはつけ加えることはないように思われます。怖い話ですが、楽しんで読んでいただければ、と願っています。

挿画や装幀をお願いしたいさかけいこさんは、怖ろしい内容をどのように絵に表現するかにご苦労を重ねておられました。おぞましい行為を繰り返しながらも、心の奥深くに悲しみを持ち続けた女性たちを素晴らしいタッチで描いていただきました。感謝の気持ちでいっぱいです。

私たち奈良アイルランド語研究会は、しばらくアイルランド語から遠ざかってしまいました。これからしばらくの間はアイルランド語の詩を翻訳し、その後に『ビリー・アーリーを捜して』を翻訳する、とレニハンさんにはお伝えしてあります。有名なストーリーテラーであるレニハンさんの面目躍如たる文章に魅了されています。

この本の出版にあたり、温かい援助をいただいた大分県宇佐市小野内科病院理事長の小野忠弘医師に心よりお礼を申し上げます。

翻訳作業を進めている間に、助言を頂いた方々、快く場所を提供していただいた奈良市はぐくみセンター及びセンターにお勧めの皆さまに深く感謝申し上げます。

最後に印刷に関しては、共同印刷工業株式会社の梶田晋介さんにはいつも大変お世話になります。ここに心よりお礼申し上げます。

奈良にて

フューシャ代表　荒木孝子

アイルランドの怖ろしい女たち　―― 時代への挑戦者 ――

2019年6月10日　初版　第一刷発行

定価はカバーに表示してあります

著　エディ・レニハン
訳　フューシャ（荒木孝子、神村朋佳、竹本万里子、田中梢、福井慶、福本洋、増田弘果）
装幀・装画　いさかけいこ
本文挿絵　いさかけいこ
発行所　アイルランドフューシャ奈良書店
〒631-0805　奈良市右京3丁目23-18
印刷所　共同印刷工業株式会社

ISBN　978-4-9906796-6-8

フューシャの本

絵本

ルーアリーのついていない一にち（アイルランド国メイヨー社刊）
ルーアリー びょういんへいく 二〇〇一年、一二六〇円（アイルランド国メイヨー社刊）
トビーのごはん 二〇〇六年、一二〇〇円
トビーがなくしたほね 二〇〇七年、一二〇〇円
トーイン クアルンゲの牛捕りとクーフリンの物語 二〇一四年、一三〇〇円

単行本

異界のものたちと出遭って ―埋もれたアイルランドの妖精話― 二〇一五年、一八〇〇円
語り継ぐ力 ―アイルランドと日本― 二〇一八年、一五〇〇円

アイルランドフューシャ奈良書店刊